淡海《おうみ》文庫 71

サンライズ出版

杉原 正樹 著

淡海妖怪拾遺

伝説というのは必ず事実に基づいているのではありませんか？

ハーマイオニー・グレンジャー
『ハリー・ポッターと秘密の部屋』第9章より

はじめに

怖いのは苦手だ。暗く狭いところはできれば避けたい。妖しい（怪しい）正体を突き止めるなどもってのほかで、幽霊、妖怪（バケモノ）とは無縁だった。２０２３年、僕の妖怪歴は30年をこえる。１９８８年、滋賀県湖東・湖北の地域情報紙（ＤＡＤＡジャーナル）の編集をするようになり、ある朝、「これからは妖怪だ！」と思った。柳田國男の『妖怪談義』に「誰にも気のつくようなかなり明瞭な差別が、オバケと幽霊の間にはあったのである。第一に前者は、出現する場処がたいていは定まっていた。避けてそのあたりを通らぬことにすれば、一生でくわさずにすますこともできたのである。これに反して幽霊の方は、足がないという説もあるにかかわらず、てくてくと向こうからやってきた。かれに狙われたら、百里も遠くへ逃げても追い掛けられる。そんな事はまず化け物にはないと言ってよろしい」と書いてあるそこだけを読み、「妖怪だ！」と閃いたのだ。オバケ（妖怪）の出現場所が決まっているのは面白い。淡海にしか出没しない妖怪がいるのではないか、江戸の河童と淡海の河童では出没の理由は違っているかもしれない……。淡海の妖怪拾遺のはじまりだった。

２００１年「夢《む》～舞《ぶ》めんと滋賀　湖国21世紀記念事業」があった。「環境の世紀」21世紀の幕開けに、自然と共生する未来づくりを湖国滋賀から起こそうと、県内２２５の団体が「水といのちの活動」を展開した。イメージキャラクター「うぉーたん」を覚えている人も多いと思う。うぉーたんは妖精・である。妖怪を通して淡海という歴史と自然の豊かな風土と文化を次世代に語り継ぐ活動をしたい。「淡海妖怪学波」という団体をつくり応募し記念事業のひとつに採択された。「学派」の「派」が「波」になっているところがムーブメントらしいと思っている。活動名は「淡海の妖怪を探せ」だった。

情報紙の発行以来、地域の人に語り継がれる話を集め、「埋蔵金探検隊」「淡海の手間暇文化考」「波と兎の文様」などと同様に、「淡海の妖怪」は取材というフィールドワークを通して発見したテーマである。「夢～舞めんと滋賀」から20数年、淡海の妖怪拾遺は完結することはないが、ようやくカタチにすることができたような気がしている。
僕は、民俗学を修めたわけでも妖怪の専門家でもない。妖怪の痕跡を見つけ、調べていくと、かならず誰かが書き残した文章を発見する。先人に感謝しながら、僕が暮らしている彦根から『淡海妖怪拾遺』を綴りはじめることにする。

著　者

おたまさん

目次

高橋敬吉と妖怪

白い馬の首

一つ目の怪物魑魅《ちみ》

小説『ハリー・ポッターと賢者の石』が日本で刊行された日、ジョン・レノンの命日、パールハーバー、針供養、誰かの誕生日……12月8日の記憶は人の興味によってさまざまだ。そしてこの日は、「魑魅」という一つ目の怪物が現れる日でもある。彦根藩士族の家に生まれ井伊家の家庭教師だった高橋敬吉は「此の日、天から降り来る宝物を受くるとて、屋根の上に高く目笊《ざる》を掲げる欲張った慣行があった。これも魑魅という一ツ目の怪物が禍災を持って来るから、無数の目のある笊、目籠、味噌漉し、篩《ふるい》等を高く掲げて、こちらにはこんなに沢山にめがあるぞ、と一ツ目の怪物を威嚇して追い払う」「こんな馬鹿気た事は見られなくなったが、稀に田舎へ行くと、屋根の上に竿を挿した目笊が高く立ててある処もある」と手記に記している。

高橋敬吉は、明治7年（1874）、元彦根藩士高橋要の7人兄弟の次男として現在の滋賀県彦根市に生まれた。高橋家は彦根藩に仕える石高350石の中級藩士だった。敬吉の祖父重敬は13代当主井伊直弼《なおすけ》のときに北筋奉行を命ぜられ400石に加増（役料50俵）。御弓御鉄砲組頭も務めていた。曽祖父は側役、筋奉行などの役職を務め、高橋家は主に藩の民生方面、または側役など内政方面に活躍した家柄であった。大正4年（１９１５）、敬吉は井伊家当主直忠の懇望により当時7歳だった直愛《なおよし》・直弘の双子の兄弟の家庭教師として井伊家に入った。昭和20年（１９４５）、米軍による東京への空襲が激しさを増し、敬吉は井伊直愛夫妻にともなわれて彦根松原の井伊家浜御殿（千松館）に居を移すことになる。皇国史観のなかで誤解されることの多かった井伊直弼の事績を明らかにするため、井伊家に伝わる古文書の解読に全精力を傾け、その傍ら『幼時の思ひ出 附我が家の年中行事』と

いう手記を纏めている。この手記が『彦根藩士族の歳時記 高橋敬吉』（藤野滋編）として、平成19年（2007）、国宝・彦根城築城400年祭のときサンライズ出版から刊行された。敬吉が彦根で過ごした明治10～20年代の風俗と維新後の武家の生活が精緻に描かれた第一級の都市民俗誌になっている。

歳時記を妖怪に関心のある者が読むと面白い。12月8日の欲張った慣行は、天から降り来る宝物を受け、禍災を持ってくる一つ目の怪物魑魅を撃退する特異日で、それを実現するために必要となるのが「無数の目がたくさんあるもの」なのだ。籠の中は周囲と切り離された神聖な領域となるという考えがあり、神に通じる重宝なアイテムなのである。さらに、昔より目籠は鬼が恐れると伝わる。籠は竹や籐を編んで作るが、底のデザインが安倍晴明の九字や五芒星になっているからだという。五芒星は始点と終点が同じでひと筆で書くことができる。邪悪な者はこの形をなぞり続けて力尽きてしまうというのだ。五芒星でなくても、籠や笊の線をなぞることに集中し、あるいは、念を入れて交互の起伏を数える間に疲れてしまうのだ。節分の夜の豆まきも、鬼が無数の豆を数えている間に、邪力が衰えるらしい。

12月8日の魑魅は悲しい。一年に一度、注目されて登場するが、そこには笊や籠が屋根に掲げられ、目を数えなければよいものを、籠の線をなぞらなければよいものを、どうしても気になるのだろう。節分の鬼も同じだ。豆を数えてしまうのである。敬吉は節分の悪鬼を「聞鼻《かぐはな》」と呼び、各家を巡るとき、女子どもを食べると記している。

そして件の歳時記には、鬼車鳥《きしゃどり》、河太郎、どち、一つ目小僧、白馬の首、釣瓶落としなどの妖怪も登場する。

鬼車鳥

正月7日、七草粥を食べる風習がある。七草は「芹、薺《なずな》、御行《ごぎょう》、はこべら、仏の座、すずな、すずしろ」。薺は俗にいうペンペン草、御行はハハコグサ、仏の座はタビラコともオオバコ草とも。すずなは唐菜または蕪、すずしろは大根のことだ。そして、妖鳥「鬼車鳥」は、七草の前夜にやってくる。

「六日の晩に七草囃しとて母は俎板の上に一種ずつ若菜をのせ、〝唐土の鳥が、日本の土地に、渡らぬ先に、七草なづな、七草なづな〟と声高く唱え乍ら、庖丁、火箸、擂木等で七度くり返しストトン、トントンと調子面白く囃して刻まれた。（中略）この七草囃しの起

原は支那の古俗に、鬼車鳥と云う妖鳥が夜陰に乗じ飛び来り、到る処に害をなすので、家の付近に留まらせない為に、扉を叩き声高く囃して追い払ったので、この邪鳥が日本に来ない内に邪気払いをしてしまうとの意味である」（『彦根藩士族の歳時記 高橋敬吉』）。

『高島の昔ばなし』には〝唐土の鳥が、日本の土地に、渡らぬ先に、七草なぐさ、祝いの薬草祝いましょ〟と歌いながら菜の葉を切るとある。

唐土の鳥が……と歌うこの歌を「七草囃子」という。近江八幡市や湖南市でもこの七草囃子を歌う習慣があった。歌詞は「日本の土地」が「日本の鳥」、「渡らぬ先に」が「出あわぬように」、「七草なづな」は「待ち伏せてご～ちご～ち」など地域によってさまざまなバージョンがあるようだ。

「鬼車鳥」は、捨てた人の爪を食べる。子どもの乾いた着物に毒を掛け、それを知らずに着ると疳《かん》の病を患うという。彦根では、七草爪といって薺の汁に爪を浸し切れば邪気を祓うといわれ、七草を浸した水で爪を洗っておくと、その後、いつ爪を切っても祟りがないと伝えられている。鬼車鳥は、対処方法（防御策・弱点）を隠さず、正々堂々とやってくるのである。

観音堂筋の妖怪

「春、水が温むころになると彦根城の堀で魚釣りをして遊んだ。堀が深く、はまったらどちや河太郎に引かれて死ぬと、祖母や母が心配して遠くへ行く事を許されなかった。「大漁をするつもりで大きな重い手桶を提げ、裏から花木の邸を通り抜け、観音堂筋の堀で江坂の家の前から野澤の辺り迄を漁区として雑魚釣を演《ヤ》った。偶《タマ》には遠く高橋から御蔵の辺りまで出かける事もあった」（『彦根藩士族の歳時記 高橋敬吉』）。

　また、敬吉は夏休みには稲荷神社（瘡守稲荷）の境内に集まり、怪談話に興じていた。「何処のだまの木からつろべおろしが出るとか、どこの塀から白馬の首が出るとか、雨降りの晩に一ツ目小僧が徳利さげて酒買いに来るとか昔からの言い伝えを聞くと、一人で帰るのが恐ろしくなる。日が暮れたら帰るのですよ、と固く言われていても、皆が遊んで居るのに自分一人で先へ帰るのも惜しいのでつい遅くなると、厳格なる母は門を鎖して内へ入れて下さらぬ。（中略）仕方なく観音堂筋へ廻り、花木家から入ってソーッと裏から帰ることもあったが、観音堂筋へ廻るには、先の話の釣瓶下ろしや白馬の首の出る処を通らねばならず、こんな恐ろしい思いをする位ならモッと早く帰ればと思うこともあった」。

彦根藩士の家では、妖怪「釣瓶落とし」ではなく「釣瓶下ろし」、「河童」を「河太郎」と呼んでいたことがわかる。「どち」は『日本妖怪大事典』（村上健司編著）には「岐阜県加

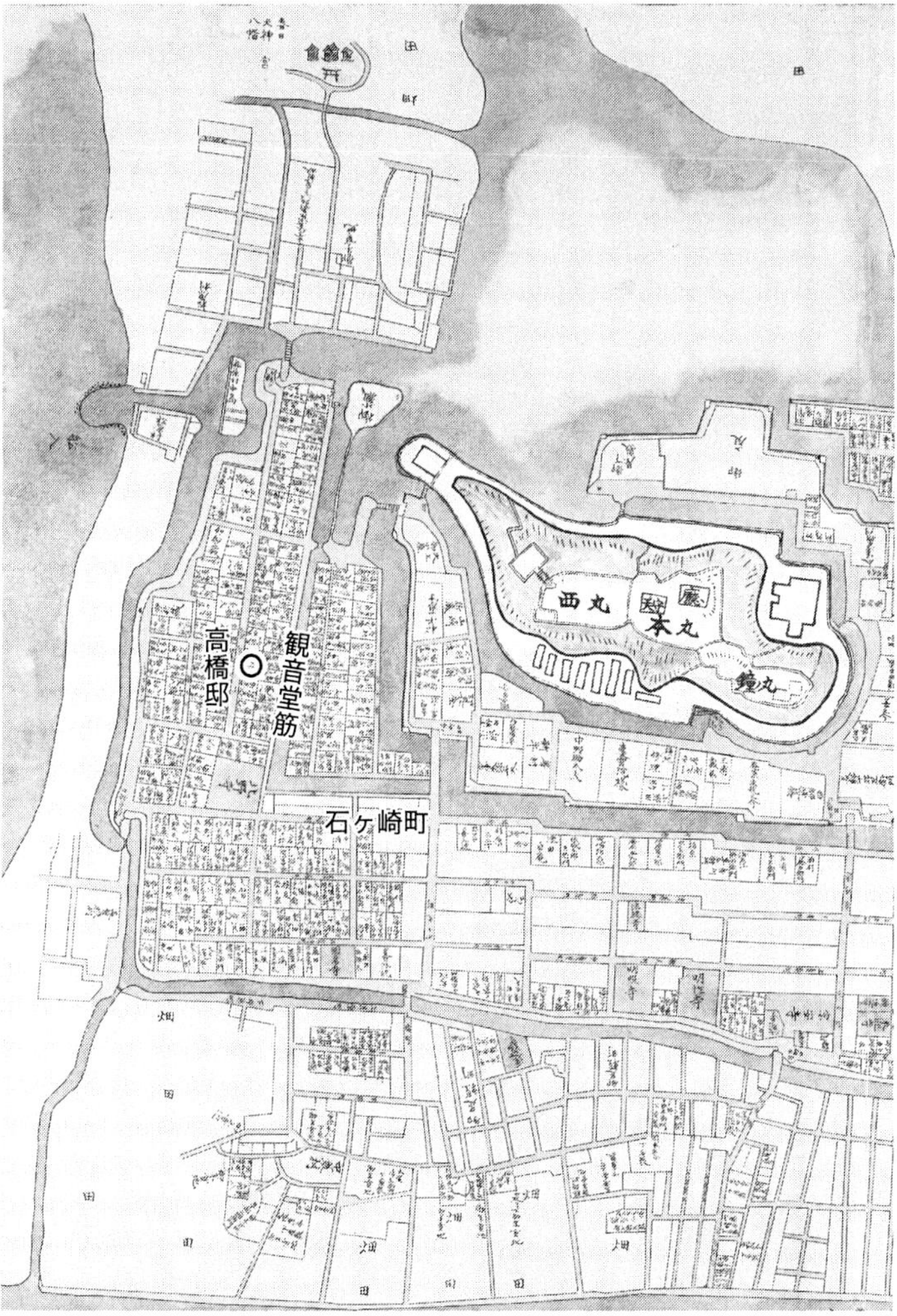

彦根士族屋敷図部分（昭和17年写 彦根市立図書館蔵） 江戸後期ごろの景観と考えられる

茂郡八百津町、郡上郡でいう河童。鼈（すっぽん）のようなもの」とあるので、おそらく、鳥の口のような「河太郎」とスッポンの口のような「どち」がいたのではないだろうか。人間を堀に引きずりこむ「河太郎」と吸血する「どち」かもしれない。釣瓶落としについて少し記しておく。

釣瓶は、桶に綱を取り付け、井戸に落とし水を汲み上げる道具である。「釣瓶落とし（釣瓶下ろし）」は、暗い夜道、木の下を通ると梢（枝）から突然釣瓶が、勢いよく落ちて（下りて）きて通行人を驚かす妖怪だ。釣瓶に人を入れて掬い上げ、さらって食い殺したりもする。淡海にも多くの伝承が残っている。

東円堂城跡（愛知郡愛荘町東円堂）の南西の角近くにヨノミの木があり、風呂桶ほどの大きさの釣瓶で人をさらっていくのだという。この大きさは淡海一であり、ひょっとすると日本一かもしれない。北菩提寺（東近江市北菩提寺町）の城跡に大きな槻があり天狗が枝の上で釣瓶を操り子どもをさらっていく。

長浜市高月町大円寺には、松の木にいる「半カケババ」が釣瓶を下ろす。子どもは釣瓶の中に吸い込まれるように入ってしまい、生き血を吸い取られるという。「半カケババ」は唯一高月にだけ伝わる妖怪だ。「半カケババ」という名前が面白い。何が半分欠けているのか……、歯だろうか。魂を魂魄というから、魂か魄の片方かもしれない。彦根市芹橋八丁目の百日紅《さるすべり》、観音堂筋（馬場一丁目）のダマの木、米原市大野木の楠にも釣瓶落としの伝承がある（『山東むかしばなし』山東町史談会編）。八丁目の百日紅は何代目かはわからないが今も花を咲かせている。

現代では見かけなくなった釣瓶

釣瓶落としは暗い夜道の大木の梢に出没するのだが、社寺の神木まで危険木として切り倒してしまう時代である。現代では、「釣瓶」そのものを知らない人も多く、笑福亭鶴瓶師を想像するそうだ。釣瓶落としの出没する場所は皆無といっていいだろう。絶滅したかのように思われていたものの、実は時間を操り「昼と夜を逆転させる」妖怪として生まれかわっている。秋の急速に日が暮れる様を「秋の夕陽は釣瓶落とし」という。落ちるという物理的現象から時間の変化へ、釣瓶落としは現代に適合したニュータイプの妖怪といえる。ただし、代償として出没した木や地域の固有性を失うことになる。釣瓶落としにとってみれば、土地の呪縛から解き放たれたのである。

夜道を歩いているときに遭遇する「馬の足」という妖怪は、釣瓶落としのように突然落ちてきて不用意に近づくと蹴り飛ばされるといわれる。それに比べると敬吉が記す塀から現れる「白馬の首」はいかにもお殿様が治める35万石の城下町らしい妖怪である。

天保7年（1836）に改変された「彦根御城下惣絵図」（彦根城博物館蔵）には堀や道路、藩施設、藩士の居宅、通りの名前などが詳細に書き込まれている。彦根の城下町の道筋は昔も今もほとんど変わりがなく、「彦根御城下惣絵図」を見ながらまちを歩くことができる。絵図で敬吉の手記にある江坂の家の前から野澤の辺り、稲荷神社が「瘡守稲荷」だとわかる。また、高橋家と花木家がどのような位置にあったのか、敬吉が稲荷神社から観音堂筋へ廻った道も確認することができ、敬吉の記憶を追体験することができるのだ。

妖怪を拾遺する

別冊淡海文庫の『近江の松』（岡村完道著）には天狗に関わる松が記されている。「伊吹の天狗松」（旧伊吹町伊吹）、「天狗の止まり松」（旧八日市市小脇町・守山市新庄町）、「井ノ口山のからかさ松」（高島市新旭町安井川）、「松の木の天狗」（旧東浅井郡びわ町弓削）、「西念寺のガ太郎松」（野洲市吉川）が「近江の天狗」のコラムとともに掲載されている。注目は、「本誓寺の青鶴松」（蒲生郡日野町日田）だ。諸橋轍次編『大漢和辞典』によると青鶴は「人面鳥喙《かい》八翼一足で、善く鳴く禽」のこと。そして「この鳥が鳴く時は天下が太平だという」とされている。同寺の松の樹姿が「人面鳥喙八翼一足で、善く鳴く禽（鳥）」にそっくりなことから、「青鶴松」の名がついたと推定できると記してある。鳥喙とは鳥の嘴のこと。人面で鳥の嘴、八つの翼、そして一足、青鶴は異形の妖怪である。

また、別冊淡海文庫『近江の玩具』（近江郷土玩具研究会編）には「観音正寺の人魚」「お花狐」、河童と五人の山の神様「六体山神」「太郎坊天狗鈴」など妖怪にまつわる郷土人形を紹介している。琵琶湖博物館ブックレット『近江の平成雲根志』（福井龍幸著）には、「子供が夕暮れ時に、村はずれの一軒家に近づくと急に恐ろしい顔のおばあさんが出てきて子供に砂をかけ追い払う」という「砂かけ婆伝説」が載っている。近江の祭礼行事『勧請縄』に掲載された写真には、勧請縄に魔除けのために仕掛けられた竹で編んださまざまなトリクグラズを見ることができる。

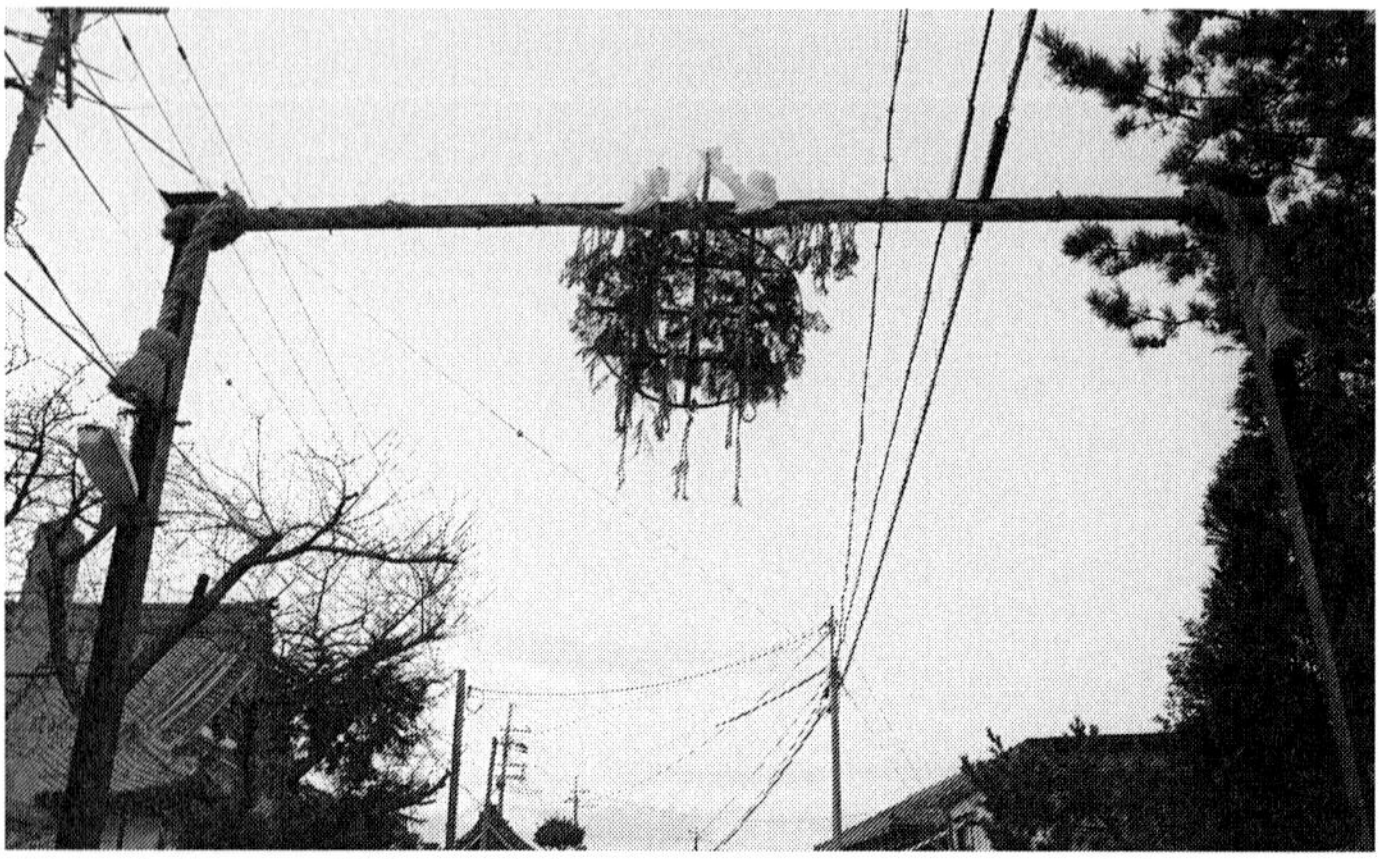

東近江市猪子町の勧請縄　勧請縄は、厄災や疫病などが、域内(町内・村内)に入るのを防いだり、域内から追い出すためのもの

また、彦根城下の町人代官の下で蔵手代を勤めていた田中藤助の日記には、次のような記述がある。

「越中国(現富山県)放生洲(津)に出たとされた〝生物〟。長さ三丈五尺四寸(約10・6メートル)、腹の色は火のごとくで、名を「人蝶」と付けられたとの由を記す」。日記宝暦9年(1759)7月21日条(新修彦根市史第2巻より)

妖怪の痕跡は過去のさまざまな文字情報のなかにも埋もれているが、伝統的な祭りにも妖怪は姿を現す。

例えば、大津祭の曳山だ。

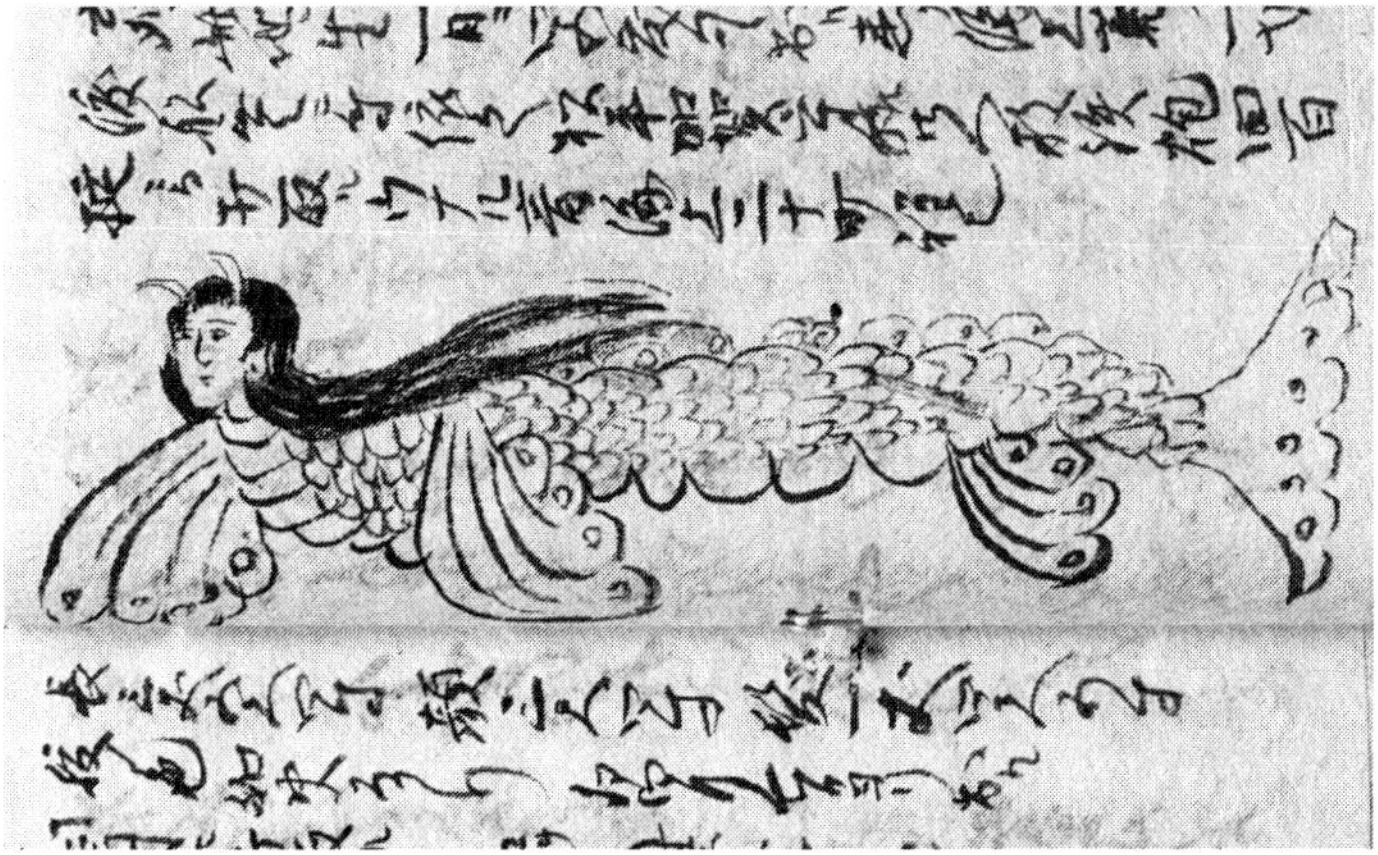

人蝶（田中藤助の日記　彦根市立図書館蔵）　富山県に出た体長10m余の人蝶。彦根城下の町人の日記に描かれている

「狸の腹鼓」は「人気のない山中や夜の町中で、太鼓の音や囃子が聞こえることをいうもの。狸が腹を膨らませて音をたてているのだと考えられていた」（『妖怪事典』村上健司著）。音の怪異である。コンチキチンの囃子と「からくり」を演じながら巡行する「大津祭」は湖国三大祭のひとつである。実は、そのはじまりに「狸の腹鼓」が深く関わっている。

大津祭は天孫神社（大津市京町）の祭礼である。昔、神社に椎の大木があり神木と崇められていた。そこに狸が住みつき腹鼓を打って神殿を慰めていたが、年老いて死んでしまった。それを見た塩屋（塩売り）治兵衛が慶長年間（1596～1615）に狸の木製の面をか

西行桜狸山（撮影　狸山囃子方責任者　竹村正裕）

ぶり祭礼に参加し、神殿を慰めた。後に町内で相談し、竹で屋台を作り木綿の幕を張って、鉦や太鼓ではやし、治兵衛は狸の面をつけ御幣を振った。そして氏子の人々が担いで歩いた。これが10年ほど続いたが、治兵衛も老いてしまい、元和８年（１６２２）より替わりに腹鼓を打つ糸からくりの人形を用いた。狸山のはじめであり、かつ大津祭の曳山のはじめである（『民俗文化』滋賀民俗学会・１９８１）。

狸山は、塩屋治兵衛の狸面の伝承を持つ鍛冶屋町の「西行桜狸山」のことである。狸が屋上に載っている。本祭には各曳山町から13基の曳山が出され、くじ引きで順番を決めるが、西行桜狸山はくじをとらず毎年先頭を巡行する。狸は祭を先導し守護する存在なのである。

ところで、曳山の「猩々山《しょうじょう》」「殺生石山」の名は能楽に由来し、名場面のからくりを所望《しょうもん》し、猩々は中国伝来の妖怪、殺生石は「玉藻前」（金毛九尾の狐）である。妖怪に関わる名を曳山につけるのも興味深い。商業都市として栄えた大津の文化レベルの高さを物語っている。

『淡海妖怪拾遺』は、淡海の妖怪を調査・探求するぞ！　という大袈裟なものではない。読書、映画、祭事、興味の趣くまま好奇心に身を委ね、妖怪とは関係のないように見えるところで「こんなところにも妖怪が！」という拾遺なのだ。

城下町と妖怪

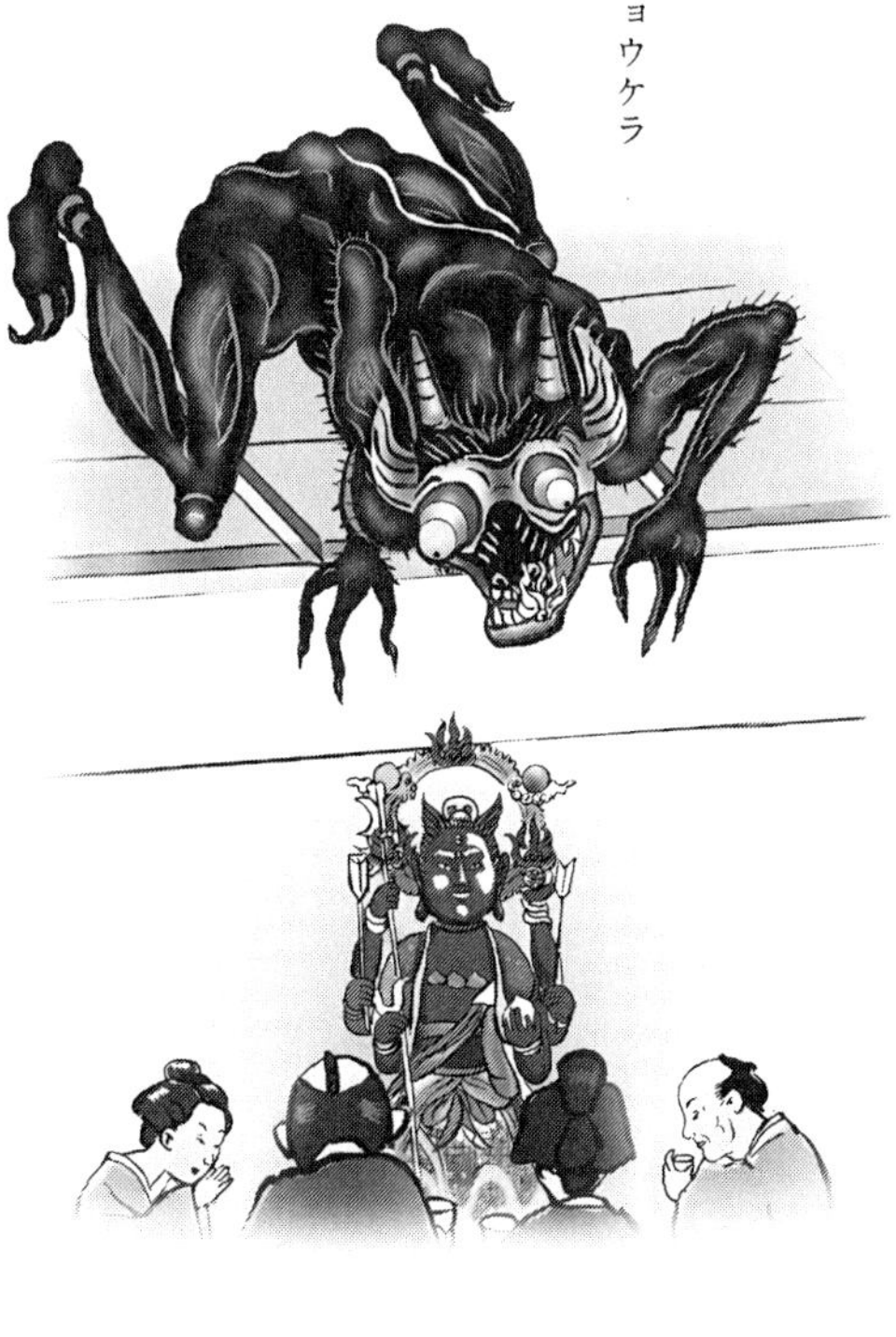

一つ目小僧

庯徹淬刀水

高橋敬吉は「観音堂筋へ廻るには、先の話の釣瓶下ろしや白馬の首の出る処を通らねばならず、こんな恐ろしい思いをする位ならもっと早く帰ればと思うこともあった」と手記に記している。「雨降りの晩に一ツ目小僧が徳利さげて酒買いに来る」という場所については書かれていない。おそらくその場所は旧石ヶ崎町（現城町二丁目）辺りだろうと考えている。

一つ目小僧は、日本神話に登場する製鉄・鍛冶の神「天目一箇神《あめのまひとつのかみ》」の零落した姿だという。鍛冶は炎を見続け、鍛錬の火花が目に入り失明することも多く、単眼の妖怪が生まれる理由とされてきた。

長曽根（祢）虎徹は江戸時代前期の刀工だ。虎徹の銘をもつ刀は、「刀剣乱舞」「ファイナルファンタジー」をはじめ数々のゲームやアニメに登場し、新選組局長近藤勇の愛刀としても有名である。「乕徹淬刀水《こてつさいとうすい》」という古井戸（現在は涸れ井戸）が今も遺っている。碑文に、「若い頃は、福井に住み、優れた甲冑師でありましたが、感ずるあって刀工を志し、この長曽根で作刀の修業に励みました。そのとき焼入れに用いたのがこの井戸の水であります（碑文抜粋）」とある。

石田三成が佐和山城主だったころ、麓の石ヶ崎（現在の大洞付近）に石田家の御用を務める鍛冶が13軒あった。石田十三鍛冶《たんや》という。虎徹の父もそのひとりだった（『湖国百選人』1990）。関ヶ原の合戦後、彦根の城下町の町割が行われた際、換地として与えられたのが、現在の城町二丁目（藩政時代は石ヶ崎町）である。長曽根一族はこの換地を不満に思い越前に移り住んだという。高橋敬吉の住まいは、石ヶ崎のすぐ近くである。

木　娘

清凉寺（彦根市古沢町）は、彦根藩井伊家初代直政が関ヶ原の合戦の傷が元で亡くなった慶長7年（1602）に建立された井伊家代々の菩提寺である。山号は「祥壽山《しょうじゅ》」。直政公の戒名「祥壽院殿清凉泰安大居士」による。

清凉寺境内のタブの木

井伊直弼は信仰心の篤い父直中の影響をうけ、幼少期から仏道に関心をもち、清凉寺で禅の修養を始めた。21世道鳴、22世師虔、23世仙英、歴代の和尚に学び修禅に励んだといわれている。参禅道場には、直弼公が使っていた座禅を組むための椅子が遺されている。

清凉寺の境内地は佐和山城時代に石田三成の奥方及び家老・島左近の屋敷があった場所である。表参道まで内湖が迫り松原まで百間橋が架かっていた。百間橋は、石田三成が島左近に命じて架けさせた幅三間（約5・4メートル）、全長三百間（約540メートル）に及ぶ橋で、古絵図では松原内湖にクランク状に描かれている。

清凉寺には七不思議が今に伝わっている。

①「唸る門」　大晦日の晩に唸る門。清涼寺の惣門は佐和山城の城門であったと伝わる。

②「晒しの井戸」　島左近が茶の湯に使っていたもので、この水に汚れ物を晒すと、一夜で真っ白になった。

③「血の池」　佐和山城陥落の際に、山から流れ込んだ血が池を真っ赤に染め、水面に血みどろの女の顔が浮かんだといわれる。現在は墓地となっている。

④「黒雲の怪」　彦根城で武具の虫干しをしていると、きまって佐和山から黒雲が走り雨を降らせた。

⑤「ひとり鳴る太鼓」　不吉なことがあると本堂の太鼓がひとりでに鳴った。

⑥「小姓の出現」　書院の手洗石は石田三成時代からあり、暗闇の中から小姓が出てきて水を汲んでくれるという。

⑦「木娘」　本堂前にある巨大なタブの木は、佐和山城築城以前からあり、樹齢700年以上といわれる。夜な夜な女に化けて参詣者を驚かせた。

⑧「左近の南天」　書院の庭に島左近が愛でた南天の木が今も残っており、触れると腹痛をおこす。

⑨「壁の月」　方丈の壁に月が浮かび、壁を塗り替えてもまた浮き出てくる（島左近の間

を寺の方丈とした）。

実際には九不思議が伝わっているが、⑤「ひとり鳴る太鼓」⑥「小姓の出現」が⑧「左近の南天」⑨「壁の月」と入れ代わるパターン、⑥「小姓の出現」を⑧「左近の南天」か⑨「壁の月」のいずれかに代え、必ず七不思議として語り継がれている。

「ひとり鳴る太鼓」以外は石田三成に関係する現象ばかりである。三成の記憶を留めておくために語り継がれているのだ。

大入道

江國寺（彦根市本町）の歴史は古く、元徳2年（1330）の創建で平田の荘にあり、巨盧山護国寺と称していた。本尊観世音菩薩は聖徳太子作と伝わっている。元弘3年（1333）兵火により灰燼。興国元年（1340）、巨盧山興国寺と称し再建。その後再び、永正3年（1506）の兵火により焼失。37年後に再興され龍桂寺と改められた。元亀元年（1570）、姉川の戦いの兵火により焼失する。以後、龍桂寺は再興されることはなかったが、三度の兵火を逃れた本尊観世音菩薩は、小堂に安置されることになった。この龍桂寺を再建したのが石田三成の母である。

『御本尊は三度其の難を免れたり豈に偶然とのみ称すべけんや爾後再興の途なく小堂に御本尊を安置せしが諸人其の感應を蒙る者頗る多し毎に佐和山城主石田三成の母瑞岳尼（法名瑞岳院殿珠英宗玢大禅定尼　永禄三年五月二一日逝去）も亦た深く御本尊を信仰あらせられ以て一宇を建立し寄進せられたり因て其の徳を祈念せんが為め山号を瑞岳山と改めたり』（江國寺創建由緒）。

江國寺

瑞岳山龍桂寺の再建の地は、賢木神社（現安清町）となっている。この瑞岳山龍桂寺が寛永13年（1636）、藩主井伊直孝公の命により現在の本町に移されたのが、瑞雲山江國寺だ。この移転に関して、妖怪の出没した事件が関わっている。

『寛永十一年井伊藩士大村新弥夫妻は讒言《ざんげん》に悲憤置く能わず自刃《じじん》しました。その菩提を弔うため、藩主井伊直孝公の命により、八田氏、三浦氏、岡本氏が願主となり、当寺を現在地に移し瑞雲山江國寺と改称になりました』（江國寺由来略誌）。

大村新弥は、大坂冬の陣・夏の陣の軍功で、井伊直孝より下藪下（現本町2丁目）に屋敷を賜った。いつの世もそうだが、大村の出世を嫉み、直孝に讒言した者があった。「讒言」とは、人を陥れるため、事実をまげ、目上の人に悪く言うことである。直孝は讒言を信じて、大村に閉門を命じた。

廉直な大村は弁解の術を持たなかった。『江國寺創建由緒』に「寛永十一年井伊藩士大村新弥夫妻は讒言に悲憤置く能わず遂に死を決し（中略）屋敷に火を放ち妻と共に、自刃した」と記されている。その後、月夜の晩に屋敷跡を通ると大入道の影が前方を歩いたり、

雨の夜には傘の上に誰かがのしかかって押さえつけたりと、噂が城下に流布していった。『江國寺創建由緒』には「其後以来当屋敷跡より夜々妖怪現れ通行人を悩ませり」とある。

妖怪退治に出かける豪胆な藩士もいたが、ことごとく翻弄され逃げ帰った。ある日、大村の遠縁にあたる三浦五郎左衛門が出向いたところ亡霊が現れ、潔白を晴らしてくれと訴えたという。三浦はこのことを直孝に報告した。事実確認が行われたのだろう。冤罪が証明され直孝は大村を赦免し、寛永13年（1636）、直孝の命で八田金十郎・三浦五郎左衛門・岡本喜庵が願主となり、大村の屋敷跡に一寺を建立したのが江國寺である。

妖怪は「境界（境目）」の曖昧なところに現れるといわれている。橋やトンネル、門などは、向こう側とこちら側の境界にある。江國寺は江戸時代の彦根城外堀近くにある。「大入道」はしっかり妖怪出没のルールを守っている。

ショウケラ

ショウケラは庚申《こうしん》の日の夜に現れる妖怪である。江戸時代後期の浮世絵師鳥山石燕《せきえん》は「せうけら（ショウケラ）」を描いている。『日本妖怪大事典』（村上健司編著）には、「石燕による解説はないがショウケラは庚申信仰に関係したものといわれる。（中略）石燕の描いたショウケラは、この庚申の日に現れる鬼、ということがいえるようである」と記されている。

「庚申信仰」は江戸時代に流行した民間の信仰だ。人間の体内に宿る「三尸《さんし》」という三匹の虫（上尸《し》・中尸・下尸）が、庚申の日の夜、人が眠っている間に身体から抜け出し、天王（帝）にその人の行いの善悪を告げ、天王がその罪科によって寿命を縮めると信じられていた。それならば、「庚申の日の夜に一晩中眠らなければ、三尸は身体から抜け出すことはできない」と始まったのが「庚申待」だ。最初は独り静かに夜明けを待つものだったが、「庚申講」というグループができ、人々はお堂などに集って夜を明かした。そして本来の目的から、家内安全・五穀豊穣などを祈る場、情報交換の場など、地域によって「庚申待」はさまざまに変容していった。仏教系は「青面金剛」、神道系は「猿田彦命」を拝む風習が根づき、青面金剛は三尸虫を食べるとして「庚申尊」「庚申さん」と呼ばれるようになる。

東海道の土産物「大津絵」の仏画は青面金剛をモチーフにしたものが多く、「猿」と「鶏」がともに描かれている。猿は庚申の「申《さる》」、夜明けを告げる「鶏」は庚申信仰の記号になっている。

最澄が開基と伝わる広徳寺（甲賀市水口町山上）の本尊は青面金剛だ。現在も「庚申さん」と呼ばれ親しまれている。国道３０７号の庚申口交差点（水口町牛飼）近くには、嘉永４年（１８５１）建立の「山上庚申道石標」があり、石標の上には三猿が彫られている。藤樹神社（高島市安曇川町）境内には庚申講を3年18回続けた記念に建立される庚申塔（塚）がある。

庚申信仰の残滓を拾い集めることで、淡海のショウケラに出会うことができるかもしれ

大津絵「鬼の念仏」（５代目　髙橋松山）

ない。庚申の日に何をして夜を徹し過ごしたのか、地域独特のものがあったに違いない。

宗安寺（彦根市本町）の歴史は上野国（現群馬県）の安国寺に始まる。安国寺は、足利尊氏・直義兄弟が室町幕府の全国平定を願い、暦応元年（1338）からおよそ10年の間に、各国に一寺を選び安国寺の称号を与えた中のひとつだ。天正18年（1590）井伊直政が箕輪（現群馬県高崎市箕郷町）の城主となったとき、戦国時代の動乱で荒廃した安国寺を直政の正室東梅院が開基となり、両親の菩提を弔うために再興した。慶長3年（1598）直政が高崎城主となると安国寺は高崎（現群馬県高崎市高松町）に、慶長5年（1600）関ヶ原の合戦の勲功で直政公が佐和山の城主となると、「宗安寺」と寺名を改めその麓に移された。寺名を改めたのは、西軍毛利方の将「安国寺恵瓊《えけい》」の名を避けたためで、開基東梅院の父君松平周防守の戒名「無月宗九居士」の「宗」と母君の戒名「心誉理安大姉」の「安」を戴き宗安寺とした。そして、直政公没後、慶長8年（1603）宗安寺は彦根城下の形成に伴い、京都へ向かう京橋御門大手前通（本町）に移築され現在に至る。

宗安寺の厄除庚申尊（青面金剛明王）は、元文5年（1740）尾張東照宮別当の導師により開眼され、彦根寶珠院に安置されていた。明治維新の神仏分離政策で、廃寺となった寶

宗安寺厄除庚申尊

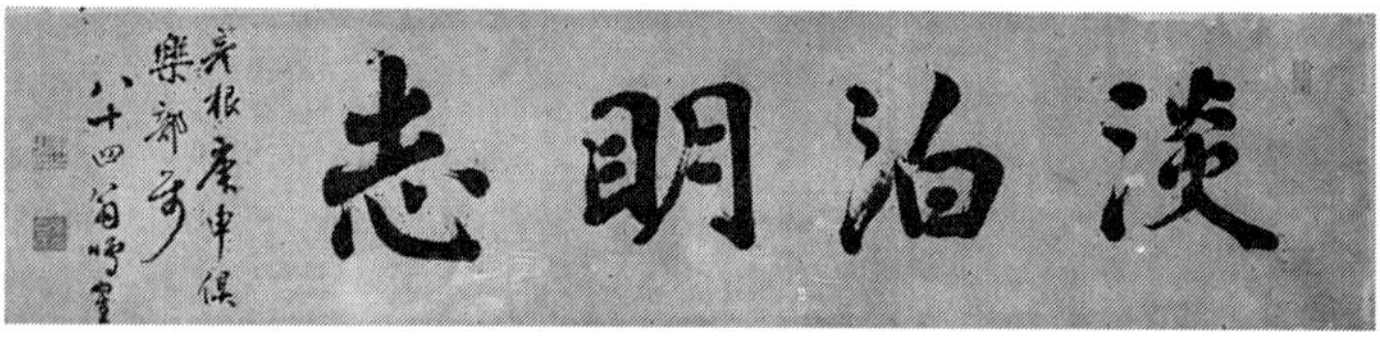

日下部鳴鶴扁額

珠院から秘仏として宗安寺が預かることになり、現在厄除けの神様として拝まれている。

「淡泊明志」の行書大扁額は、彦根庚申倶楽部の人達の依頼を受けて日下部鳴鶴《めいかく》が揮毫《きごう》したもので、庚申の集まりが行われた証である。「淡泊は心がさっぱりしていること、明志は正しい志をはっきりともつ」の意。鳴鶴が亡くなる前年の大正10年（1921）、84歳で揮毫したものであることが落款からうかがえる。日下部鳴鶴は、明治の三筆と呼ばれる「日本近代書道の父」と評される人物だ。

ところで宗安寺はショウケラの他、四角い火の玉が本堂の屋根をころがり落ちた、住職が読経をしていると何処からともなく牛の声が聞こえてきたなど、妖怪の伝承が多い寺である。また、日本で三番目に大きいという神籤筒を使って吉凶を占う「彦根摩訶不思議神籤」がある。高さ112・9センチで、「いいふく」の語呂合わせになっている。神籤札は彦根に伝わる不思議な伝承や伝説、妖怪についても記された45種。吉凶は大吉・中吉・吉・半吉・小吉・末吉・末小吉・凶の8種。「凶」を引くと、「吉」が訪れるようにと「厄除け猿（通称・くくり猿）」をプレゼントしてもらえる。「凶」の札は7枚。「吉」よりも「凶」をひきたいお神籤だ。

ちなみに「彦根摩訶不思議神籤」には、天狗・老狐・おたまさん・大入道・河太郎・白馬の首・釣瓶落とし・一つ目小僧・木娘・蓑火・星鬼・ショウケラ・四角い火の玉・牛の声・魑魅・聞鼻・ぬし・座敷童がラインナップしている。

老　狐

彦根市馬場の瘡守稲荷《かさもりいなり》は、井伊直政が上野国箕輪（群馬県高崎市）にいたころ、常陸の国の笠間《かさま》稲荷（茨城県笠間市）を勧請したもので、関ヶ原の合戦後、直政が佐和山に移ったとき、城の鎮守稲荷として、観音霊場だった彦根山（金亀山）に祀ったと伝わる。彦根城築城後、庶民は参詣できなくなっていた。彦根藩井伊家11代直中は、京橋口から遥拝している人々を見て、笠間稲荷を現在の場所へ移させたという。

笠間《かさま》が瘡守《かさもり》と、音から名前が変わったことは容易に想像ができる。「瘡」は「かさ・くさ・そう」という読み方があり、皮膚にできるできもの・はれもの・きりきず・刀きずなどのことをいう。「梅毒」の俗称でもあった。もっぱら梅瘡・皮膚病に霊験があると信じられた。昔は、瘡守稲荷のまわりに竹藪や

瘡守稲荷（馬場町）

林があり、人びとの病毒を代わりに引き受けた、ぼろぼろの「老狐」が棲んでおり、油揚げや土団子を供えて祈る人が絶えなかったという。

ところで、江國寺境内にも「瘡守稲荷」がある。老狐がいたのはどちらの稲荷なのか。『日本の伝説19』（角川書店）では彦根市馬場の瘡守稲荷としているが、江國寺は下藪下町（藩政時代の町名）にある。江國寺の可能性も否定はできない。

おたまさん

ケセランパサランという毛玉の妖怪がいる。別名をヘイサラパサラ、ヘイサラバザル、あるいはテンサラバサラともいう。呪文のような名である。『千と千尋の神隠し』の「ススワタリ」、『となりのトトロ』の「まっくろくろすけ」を白い毛玉にした感じだろうか。何処からともなくフワフワ、コロコロと風とともにやってくる。ケセランパサランを持っていると幸運が訪れるといわれ、桐の箱に収めて餌《えさ》に白粉《おしろい》を与えて大切に扱ったという。最近ではケセランパサランは、幸運、白粉、その名のイメージからだろう、化粧品メーカー名にもなっている。

『むかしむかし近江国に』(滋賀県商工労働観光物産課)に「形状は毛玉であり、まん丸の中心から毛のはえているものである」と伊香郡高月町(現長浜市)のケセランパサランが紹介されている。

ケセランパサランだと思われる妖怪は、坂田郡近江町(現米原市)では「狐の毛玉」、彦根市高宮町では「おたまさん」という名前で伝えられている。直径3〜4センチの白い毛玉で、これを拾ってくるとその家はお稲荷さんを祀らなければならない。粗末に扱うと火難をこうむるともいわれる。(『民俗文化』通巻365号・滋賀民俗学会)。

「おたまさん」の漢字は「お玉さん」か「お珠さん」だろう。実際に彦根市高宮町には昭和の終わりくらいまで飛んできたようである。「春先、黄砂が降るような西風の強い日、

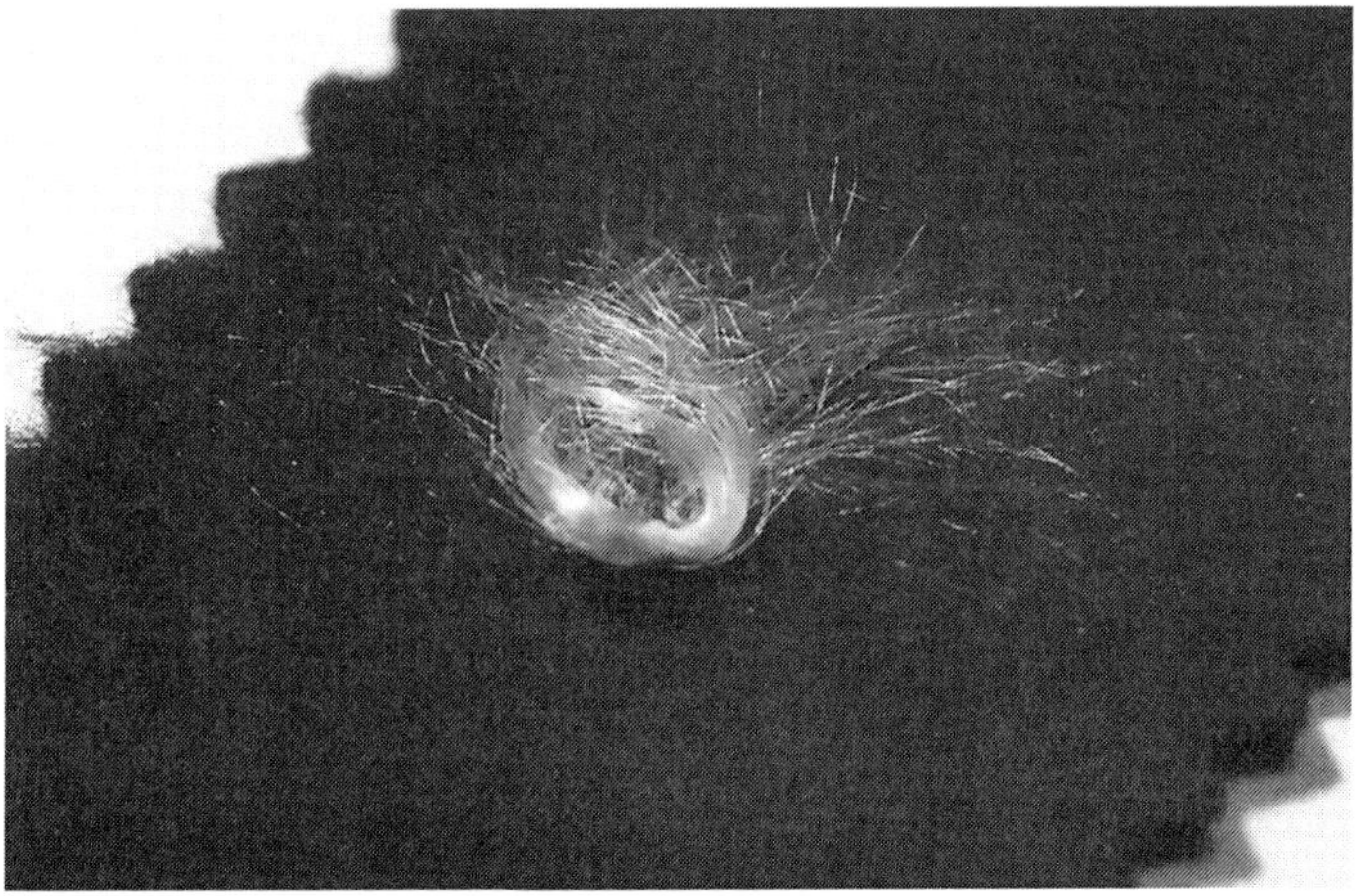

おたまさん

どこからともなくフワフワと白い毛玉が飛んできた」「綿毛みたいものの先が金色をしている」「縁起がいいと、瓶に入れて神棚に置いていた」とリアルに思い出を語る人が今もいる。

「長浜市国友町の姉川河川敷公園にてグランドゴルフを仲間25名としていたところオタマサンらしき物が飛んできました。枯れた芝生の上に落ちたので拾いました。本当にオタマサンかどうかはわかりませんが送ります。たった1個飛んできました」と手紙をもらったことがある。封筒の中を確かめると、赤い毛氈とおたまさんがビニールの小さな袋に入っていた。

他所から飛んできたそれを見つけた時点

が幸運なのであって、おそらく、姿を消すまでがケセランパサランやおたまさんの役割なのである。望めば今も出会うことができる妖怪である。

鯰

長寿院（彦根市古沢町）は「大洞弁財天」「大洞の弁天さん」と呼ばれ親しまれている。彦根城の北東、表鬼門の方角、佐和山から連なる大洞山の中腹にある。江戸時代は山裾まで松原内湖が迫り、神仏習合時代の様式がそのまま残っている。麓の鳥居がある辺りはかつての船着き場で、参道の鳥居を二つくぐり、急な石段を登り詰めると地主神を祀る楼門、そして弁財天堂に至る。弁財天堂の背後には三つめの鳥居があり、またうんざりするほど傾斜を増した石段の先に宇賀神を祀るお堂がある。

宇賀神は中世以降信仰された異形の神で、人頭蛇身、老翁の頭部をもち蜷局《とぐろ》を巻く白蛇の姿をした食物神・農耕神である。

長寿院は元禄8年（1695）、彦根藩井伊家5代直興の創建で、弁財天堂には「鯰《なまず》の彫刻」がある。元禄元年（1688）、直興は徳川綱吉から日光東照宮修復普請の惣奉行を命

竹生島宝厳寺　宇賀弁才天

じられ、3度にわたり日光に滞在し工事を指揮した人物である。何の理由もなく鯰のデザインにOKを出すはずがない。鯰が活動すると地震がおこるという民間信仰や琵琶湖の固有種「ビワコオオナマズ」に由来するなどという単純なものではないはずだ（学名がつけられたのは1961年）。

ヒンドゥー教の女神サラスヴァティーが仏教に取り込まれ、日本の神道と習合し、市杵嶋姫《いちきしまひめ》命《のみこと》と同一視されたのが弁才天である。才能・芸能の女神だ。七福神の一人でもある。「才」は「財」とも記され、大洞は弁財天、竹生島は弁才天の漢字を使っている。

弁才天は琵琶を弾く姿で描かれていることが多いが、竹生島宝厳寺の弁才天は八臂《はっぴ》、腕が8

弁財天堂の奥の院　宇賀神

本あり、頭上に鳥居と人頭蛇身の宇賀神を載せた「宇賀弁才天」という独特の姿をしている。竹生島型ともいうらしい。サラスヴァティーは水の神、農耕の神でもある。中世以降、弁才天の五穀豊饒神としての性格に宇賀神が結びつき、「宇賀弁才天」の信仰が広がっていった。

なぜ、大洞弁財天堂に鯰の彫り物があるのか……。「難波の海にも巨大な蛇がすんでおり、宇治川から竹生島まで首をのばし、寺に泊まっている人を食べてしまった。水を飲もうとしたところ湖底にいた大鯰が現れ、この大蛇の頭にかみつき、神崎の浜まで投げ飛ばした。大鯰は琵琶湖の守り神である龍神の化身だった」（『びわ町昔ばなし』びわ町教育委員会）という話がある。

弁財天堂の鯰と龍の彫り物

また、寛政5年〜文政2年（1793〜1819）に刊行された『群書類従《ぐんしょるいじゅう》』25巻「竹生嶋縁起」に、竹生島で海竜が大鯰に変じて大蛇を退治した伝説が書かれているという。

琵琶湖では黄白色のものが捕れることがある。漁師は「弁天鯰」と呼び、竹生島の弁才天のお使いであるとしてすぐに放流してきたと伝わる。弁才天の神使は龍神、淡海では龍が鯰に姿を変え、竹生島を守護しているのだ。

大洞弁財天に鯰の彫刻が施されているのは、竹生島と宇賀弁才天へのオマージュだったのではないだろうか。

長寿院の弁財天は弘法大師の作、世田谷の光明寺の弁財天を貰い受け安置したと伝わる。両脇に一五童子、四天王を従え、彩色も美しい八

仏生山トンネル（撮影　正村圭史郎）

臂の座像だ。八臂座像の弁財天は古い時代の造形であるという。直興は宝厳寺の「宇賀弁才天」のように神仏が力を合わせる最強の配置を考えたのではないだろうか。湖から大洞弁財天を遠望すれば、弁財天堂の上に鳥居があり、その奥に宇賀神のお堂がある。直興の壮大なイメージが浮かんでくるのである。

ところで、旧東海道本線・米原〜彦根間には、昭和31年（1956）11月19日に電化されるまで、短いトンネルがあった。鉄路は、現在のJR琵琶湖線より山側、滋賀県東北部浄化センターの敷地内を走っていた。仏《む》生《し》山《やま》トンネル（単線トンネルの完成は明治23年（1890））は当初、切り通しで、その後、わざわざ煉瓦を積んでトンネルにしたらしい。

「丘陵地帯の仏生山には、昔から海の神様である『龍神』が住んでいた。ちょうど仏生山トンネルの位置は、湖岸から西方約五十キロ離れた湖中の竹生島にいる美しい弁財天のもとに、龍神が通っていく通路となっていた。たまたま明治二二年七月、鉄道がこの仏生山の中央を両面切り取りによって開通したことにより、龍神が従来から利用していた通路は遮断されることになった。

明治二三年　烈火の如く怒った龍神は、切取箇所の上部からさかんに木や土砂を落下させて、汽車の運転を妨害した。この運転事故の連発は龍神のお怒りによるものだった……」(『日本の鉄道ことはじめ』沢和哉著)

竹生島の弁才天のもとへ通う道筋を確保するために切り通しをレンガで蓋をし、トンネルに改良したのだ。このトンネルは普段は勢いのよい緑に覆われて見えないが、冬枯れの時期、今も確認することができる。直興が大洞山に長寿院を創建した理由のひとつに仏生山に住む龍神も関係しているのかもしれない。

多賀参詣曼荼羅の妖怪

先食烏

多賀大社は、和銅5年（712）に撰上された日本最古の書物『古事記』に「伊耶那岐大神は、淡海の多賀に坐《いま》す」と記され、1300年余の歴史をもつ。伊耶那岐命《いざなぎのみこと》・伊耶那美命《いざなみのみこと》の二柱を祀り、「お多賀さん」の名で親しまれる滋賀県第一の大社である。延命長寿《えんめい》、縁結び、厄除けの神として信仰を集めている。多賀大社の延命の「延」には俊乗坊重源《しゅんじょうぼうちょうげん》の故事により草の冠が付いた「莚」を用いる。

二柱の神は国生みを行い、天照大神をはじめとする八百万《やおよろず》の神々をお生みになった。その後、伊邪那岐命は息子神である須佐之男命《すさのおのみこと》の横暴に愛想を尽かし、高天原から地上へ降りることにした。その時、伊邪那岐命は、まず多賀の杉坂山に降り立ち、山道を下っていたが、途中、体調を崩し「苦しい」と漏らした。これが「栗栖《くるす》」の地名となった。そして、体調を調えるため一休みしたのが調宮神社《ととのみやじんじゃ》である。その後、現在の多賀大社の場所に落ち着かれたと伝わる。

平安時代のはじめには百済寺、金剛輪寺、西明寺のほか、勝楽寺（現在は禅宗）と胡宮神社に接する敏満寺（廃寺）があり、天台宗湖東の旧五山があった。多賀社も早くから神仏習合の形態をとりはじめ、境内には不動院のほかに般若院、成就院、観音院の三院があり、般若院、成就院はもと敏満寺の別坊だった。

安土桃山時代の「多賀参詣曼荼羅」（多賀大社蔵）には神仏習合時代の「多賀社」の様子が描かれている。多賀社の信仰は、室町時代以降、「坊人」と呼ばれる人々の活躍により全国へと拡がっていく。坊人は、ご神札《しんさつ》や無病長寿の縁起物である「多賀杓子」を諸国に配布し、信仰を拡める使僧のことである。多賀大社の『神社史』によると「重要な役目はお札配りで、遠近の信者のもとに配り、初穂の程度に応じて持参の神影を掲げて拝礼せしめ護摩を焚き祈祷をし云々」とある。また、坊人は信者の参拝に対して便宜を取り計らうようになっていく。今でいうと、御神徳を説きながら広報宣伝、集客、参詣のコーディネート、ツアコン、参詣後のフォローまでを担っていた。

曼荼羅は時間と空間を無視し、ひと目で世界感がわかるようビジュアル化したものである。坊人は「多賀参詣曼荼羅」に描かれた魅力的なコンテンツの絵解きをしたのではないだろうか。

そして、この曼荼羅には妖怪が描かれている。

「多賀参詣曼荼羅」　紙本著色、安土桃山時代（多賀大社所蔵）

先《せん》食《じき》烏《がらす》

今でこそ、不吉な存在として語られることの多い烏だが、かつては信仰の対象であった。例えば日本では、御先《みさき》的な役割を担う存在として登場する。御先とは、物事の吉凶に先んじて起こる現象のことで、特に、烏は、吉事の前触れを指す存在として知られていた。八《や》咫烏《たがらす》は古事記・日本書紀の「神武東征」の物語に登場する。太陽の化身であり三本の足がある。現代では世界遺産「紀伊山地の霊場と参詣道」の構成資産、熊野三山に共通する「導きの神鳥」として信仰されている。また、勝利へ導く願いが込められた日本サッカー協会（JFA）のシンボルマークにもなっている。おそらく日本で一番有名な、世界で知られる烏である。八咫烏は神鳥だが、その異形から妖怪事典や図鑑に名を連ねている。淡海で八咫烏に会いたければ近江八幡市の賀茂神社を訪ねるのがいい。天平8年（736）、聖武天皇が吉備真備（陰陽道の祖）に命じて創建した神社である。賀茂神社の主祭神は、賀茂《かも》建角身命《たけつのみのみこと》。神武天皇が熊野山中で道に迷ったとき、賀茂建角身命は八咫烏に化身し導いたといわれ、絵馬には八咫烏が描かれている。また、米原市烏脇（旧坂田郡山東町）には日輪と八咫烏が描かれた烏脇紋入り幕（烏脇紋所幕）や提灯があるという。

さて、多賀大社には「先食烏」という烏がいる。「先喰烏」とも書く。神社には「神使《しんし》」と呼ばれる生き物がいる。神の眷属で、神に先駆けて出現し、あるいは神の意志を知る兆しとされる。稲荷神の狐はよく知られている。

多賀大社の神使は「烏」である。『多賀大社由緒畧記』には「本殿の脇に据えられた先食台と呼ばれる木の台に神饌《しんせん》の米をお供えする。すると、森からこの烏が飛んできて、神饌に穢れがないとこれを啄《つい》ばむ。古くは、もし烏が啄ばまない場合は、改めて神饌を造り直したという」と記されている。先食行事といい、毎朝行われている。『復刻 久徳史・久徳こぼればなし』には、「社伝によると、古来、多賀大神の御使者として常に社頭を離れない二羽の烏があって、神供の一飯を置いて拍手を打つと烏が忽《たちま》ち飛び来って之を喰べる。若し喰べない時には、本殿の西方一町余の末社日向神社の境内に一飯を供える。これでも喰べない時には、神

「多賀参詣曼荼羅」部分拡大　先食烏と先食台

先食烏と先食台

社の東一里余の栗栖の調宮の境内に一飯を供える。それでも喰べない時には、同所より二十余町、東の杉坂の神木の下に供える。それでも尚、喰べない時は、火の穢れ、又は凶事の廉《かど》ありとして再び調理をやりかえることになっている」とある。多賀大社、調宮の境内、杉坂の神木と烏に食べさせる場所の移動は、伊邪那岐命が地上に降り立ち多賀の地に落ち着かれるまでの経路を逆に辿っている。

先食台は本殿左にある。『多賀大社由緒畧記』に書かれているように、洗米を供えるが、「多賀参詣曼荼羅」には円筒形のものが描かれている。この神饌を「物相《もっそう》」「物相飯《もっそうめし》」という。木枠の型で飯を円筒形にした御仏供《おぶく》さんだ。

神饌には、調理や加工しお供えする熟饌《じゅくせん》と

古例大祭など重要な神事のときに調整される「物相《もっそう》」

生のまま素材そのものを供える生饌《せいせん》がある。明治以前は調理した熟饌が主流だったが、明治政府の神仏分離政策が進むなか統一的な神饌の形式が定められ、生饌が主流となっていく。先食台に備える洗米も多賀参詣曼荼羅には神仏習合時代の物相が描かれているのだ。この物相、古例大祭で実物を見ることができる。

　神饌を烏に食べさせる神事を「御烏喰神事《おとぐいしんじ》」という。世界文化遺産「厳島神社」では、「御《お》烏喰式《とぐいしき》」、熱田神宮の摂社である御田神社《みたじんじゃ》では、「烏喰《おとぐい》の儀《ぎ》」が行われている。先食台が存在し、毎朝、御烏喰神事が行われているのは日本で唯一多賀大社だけなのだ。

　多賀大社の森の烏が、先食台の洗米を啄んだとき、何かの前触れ、御先神として信仰の対象、先食烏になる。伝承では社頭を離れない烏が2羽いて、先食台で拍手すれば烏が降りて来る。そして更に、先食烏は、森で、子烏4～5羽を育て、このなかの2羽の子烏を選び、親烏が先食の啄方《ついばみかた》を教えるのだという。先食の役目も代々受け継がれているのである。

ところで、東近江市上岸本町の春日神社では、春の祭礼に「烏食み神事」が行われていた。滋賀県神社庁によると「祭典の神饌物は、宵宮の申の刻に末社の屋根に供進した。烏が飛来して食べれば下げることができたが、思うようにならず、翌日に延期することが多かった」という。

淡海と先食烏、近年失われてしまった祭礼がまだまだ眠っていそうである。

小白（石）丸と大蛇

犬上川上流、大瀧神社（多賀町富之尾）の辺りは「大蛇の淵」と呼ばれ奇岩を縫う急流である。大瀧神社は「滝の宮」として知られ、かつて10メートルほどの滝があった。「多賀参詣曼荼羅」の右下に稲依別王命《いなよりわけおうのみこと》と思しき人物と、滝を背景に対峙する大蛇（龍）が描かれている。

「多賀参詣曼荼羅」部分拡大　大瀧神社

稲依別王命が狩に出て昼寝をしていると、大蛇が現れ頭上から狙おうとした。連れていた犬（小白丸または小石丸）が気配を察知し主人を守ろうと吠えたが、大蛇に気づかない稲依別王命は狂ったように吠え続ける犬の首を、太刀ではねてしまった。犬の首はそのまま樹上に舞ったかと思うと、大蛇の喉に食らいついたまま落ちてきた。大蛇はしばらくのたうちまわったが、やがて事切れた。稲依別王は忠犬の首をはねたことを悔やみ、小白丸のために祠（犬上明神）を建て、胴を埋めた場所には松を植えたという。これが犬胴松である。

そして、稲依別王命はこの地を犬上（犬咬み）と名づけて定住し、その後、子孫が犬上氏を名乗るようになった。遣隋使・遣唐使として知られる犬上御田鍬《みたすき》は、稲依別王命の後裔にあたる。また、稲依別王命は農桑《のうそう》の業を民にすすめ、「稲神《いねかみ》」と崇められた。「稲神」が「いぬかみ」となまり「犬上」となったとする説もある。

大瀧神社「犬胴松」(犬上郡多賀町)

1997年に公開されたアニメ映画『もののけ姫』に登場した山犬・モロはシシガミの森を守る神だった。モロはタタリ神になりかけた乙《おっ》事主《ことぬし》からサンを救い、力尽きて死んでしまうが、首だけになってエボシの腕に噛みつくシーンがある。大瀧神社の伝承を知る人はモロと小白丸を重ねて観ていたに違いない。小白丸の胴は大瀧神社に埋められたが、大蛇の喉に食らいついた首はどうなったのか……。

犬上郡豊郷町八目に「犬上神社」(祭神は稲依別王命)がある。実はこの神社は「犬頭明神」とも呼ばれ、稲依別王命の屋敷があったところ

犬上神社（犬上郡豊郷町）　本殿右の石像。小白丸か？

ともいわれている（犬上の君遺跡公園）。二つの神社は同じ伝説を語り継いでいる。豊郷町の伝承では、小白丸の首を持ち帰り屋敷近くに埋めたとなっている。

犬上氏は古代日本において重要な役割を担っている。犬上御田鍬は聖徳太子が「日出処の天子」で始まる有名な文書を隋に送ったときに小野妹子に次ぐ副使として現地に向かった遣隋使であり、御田鍬の子といわれている白麻呂は高句麗に派遣されるなど、外交に精通した一族だった。手塚治虫は『火の鳥太陽編』で犬上宿禰として登場させ、犬上川を壬申の乱の古戦場として描いている。

『淡海落穂艸《おちぼぐさ》』では、「昔、多賀の辺りに二人の荒くれ者が住んでいた。この二人はそれぞれ犬を飼っていて、一方は鹿、もう一方は小白丸という名だった」と始まる。その後の展開はほとんど同じだが、小白丸を斬り捨てた後が違っている。もう一匹の鹿は一声も鳴かず、ただ淵のほうを見据えて動かない。二人が淵の底を見に行った途端、白黒の大きな鼎《かなえ》のような川古母血《かわこもち》が淵から現れ、二人の足に糸を巻きつかせて水中に引きずり込もうとした。恐ろしくなった二人は、天照大神に一心に祈ると、その妖怪は水中に姿を消したという（ＤＡＤＡジャーナル531）。

ちなみに、三重県鈴鹿市辺りには「かわこぼし」、志摩市辺りでは「尻こぼし」という河童が伝承されている。旧浅井町では川岸で休んでいる人の足に川から上がってきたガワタが細い糸を巻きつけ、引きずり込む。旧伊吹町では河童が蜘蛛に化けて人の足の親指に糸を巻きつけると伝わる。

「こぼす」（毀す）という古語は「壊す、破壊する」「剃り取る、削り取る」を意味する。「かわこぼし」は川を破壊する河童、「尻こぼし」は尻を削り取る河童だろう。かつて文化は山を越えて繋がっていた。そう考えると糸を巻きつかせる「川古母血」は三本足の白黒の河童かもしれない。「川古母血」の漢字から犬上川の古い神のようでもある。

小白丸と目検枷

「坂田郡平方村ニ逸物ノ犬アリ其ノ名ヲ目検枷ト云犬ノ子小白丸ト云犬ヲ秘蔵シテ飼置養イ」と書かれている。小白丸は目検枷《めたてかい》の子どもだというのだ。

そして目検枷もまた琵琶湖の怪物を退治した名犬である。平方天満宮（長浜市平方町）の話だ。毎年、湖上の祭神（怪物）に平方の村から人身御供として娘を差し出す習わしがあった。ある男が、怪物が「メッキに言うなよ、メッキに言うなよ」とつぶやきながら現れることを知り、メッキが何者かと尋ね回り、野瀬の長者の愛犬「目検枷」のことだとつきとめた。そして目検枷は怪物退治に挑み、格闘の末、怪物を倒したが大きな傷を負い死んでしまった。目検枷のかみついた鋭い歯の痕が、いくつも怪物の体に残っていたという。怪

平方八幡宮犬塚（長浜市平方）

物は「河太郎（河童の別名）」だったとも、「川獺《かわうそ》」、あるいは「猿」だったともいわれている。目検枷に感謝し霊を祀ったのが「犬上明神」であり、墳墓が「犬塚」だといわれている。「犬上明神」は江戸時代、「平方天満宮」となった。「犬塚」の石は、昔からこの石に触れた手で歯の痛むところを撫でると不思議にその痛みが止まると伝わっている。余談だが、２０１２〜２０１７年にテレビ東京系列で放送されたアニメ番組『ふるさと再生 日本の昔ばなし』に「しっぺい太郎」（第25話）がある。「あのことこのこと聞かせんなしっぺい太郎に聞かせんな！ 近江の国の長浜のしっぺい太郎に聞かせんな」と猿神が歌っている。物語は目検枷の伝承とほぼ同じである。

さて、ここからは妄想である。

怪物が恐れた「メッキ」は野瀬の長者の愛犬「目検枷」である。「メッキ」は「滅鬼」と書くのだろうか。近年大流行したアニメ『鬼滅の刃《やいば》』ではないが、淡海にも鬼と闘う定めの一族がいたのではないだろうか。目検枷も小白丸も、そして鹿も滅鬼の一族、犬上の鬼殺隊だったのかもしれない。「目検枷」は、「目検解」「目建解」とも書くが、「目検」は「目で見極める」ということ。「枷《かせ》」は「人の行動を拘束・束縛するもの」である。ズバリつまり鬼を見極める目を持つ犬、「目検枷」が似合うのではないだろうか。兵庫県篠山市犬飼に「大歳神社《おおとし》」があり「鎮平犬」の話が伝わっている。大化年間(646年頃)に多数の死者が氏子から出たため人身御供を供することになった。人身御供にあたった家では大変悲しみ、一心に神にすがったところ夢に童子が現れ「江州犬上郡の多賀明神に鎮平犬あり。借りてきて、例祭の時この犬を身代わりに器に入れておけ」というお告げを伝えた。家人が江州(近江)で探すと多賀明神(多賀大社)にお告げ通りの犬がいたため借りて来ると、見事に怪物を退治することができた。その後、鎮平犬は大切に村で飼われ、村名もこのことから犬飼村と改められた。

この伝承は、丹波の篠山が開拓されると共に、近江から犬上氏の一族が丹波に入植して来たことを物語っているといわれている。

正史には書かれていない歴史が妖怪、バケモノ、モノノケ、怪物、鬼を退治する物語として伝えられている。

「近江の古代製鉄遺跡は伊吹山に最も集中している。ついで金糞岳でも多数、発見されている。伊吹山の製鉄は天日矛を祖とする息長氏がその担い手であった。また、比良山麓にも製鉄遺跡は多いがその付近に和邇《わに》や真野、小野など和邇氏族ゆかりの地名がしばしばみられる。また、瀬田川流域の製鉄遺跡の付近には、やはり和邇氏ゆかりの地名である古市や羽栗などの地名がみられる」「近年、民俗学の方面より、中央による製鉄技術独占のために追討された地方の製鉄民が鬼伝承としてその姿を留めているのではないかという説が出されている」(『もう一つの高天原』原田実著)。

目検枷や小白丸の伝承は、大和朝廷が息長氏の力を得てこの地を平定していった物語なのではないだろうか。「鬼滅の刃」ならぬまさに「滅鬼の刃」だったのかもしれない。

「野瀬の長者の愛犬」が目検枷である。野瀬は旧浅井町の野瀬、伊吹山の麓、草野川上流の集落だ。そして伊吹山といえば、倭建命《やまとたけるのみこと》(『日本書紀』では日本武尊)と白き猪の話を思いだす。

白き猪

倭建命は、父である景行天皇の命により熊曾《くまそ》、蝦夷《えみし》など東西の荒ぶる神々を討ち、まつろわぬ(あらがう)人々をことごとく大和朝廷に従わせた英雄である。ただ唯一、伊吹山の神「白き猪」を討つことだけはできなかった。

「弦《こ》の山の神は、徒手《むなで》に直に取らむ」とのりたまひて、其の山に騰のぼし時に、白き猪、山の辺に逢ひき。其の大きさ、牛の如し爾《しか》くして、言挙為《ことあげし》て詔《のりたま》はく、「是の白き猪と化《な》れるは、其の神の使者ぞ。今殺さずとも、還《かへ》らむ時に殺さむ」とのりたまひて、騰り坐《ま》しき。是に、大氷雨《おほひさめ》を零《ふう》して、倭建命を打ち惑はしき此の白き猪とれるは、其の神の使者に非ずして、其の神の正身《ただみ》に当たれり。言挙せしに因りて惑はさえしぞ」。（『古事記』日本古典文学全集）

「徒手」は「素手」。「言挙」は「意思を言葉にして言いたてること」をいう。発した言葉には呪力が宿る。ただし、言挙の内容に誤りがあると、呪力は逆に働く。テレビアニメ化された人気漫画『呪術廻戦』は人間の負の感情から生まれる呪霊を、呪術を使って祓う呪術師の闘いを描いた物語だ。呪術師たちは危機的状況で自分の術式や能力を語ることで呪力や能力を増す「術式開示」を行うことがある。これも言葉に呪力が宿る「言挙」の一種だろう。倭建命は「是の白き猪と化れるは、其の神の使者ぞ」と言挙したが、白き猪が神であって誤りだったため、呪力は逆に働き激しい氷雨にうたれ前後不覚におちいり致命傷を負うことになったのだ。

それにしても、倭建命はこれまで知恵を使い策略をめぐらせ戦ってきたにもかかわらず、なぜ、伊吹山の神にだけは「徒手」で挑んだのか。甘くみて油断していた、自分の力を試そうとした、ともいわれているが、草薙剣も謀《はかりごと》も通用しない偉大な荒ぶる神故、リスクを伴う言挙という手段を使わざるを得なかったのではないだろうか。

伊吹山の神は、『日本書紀』には「大蛇」、近江の地誌『淡海木間攫《おうみこまざらえ》』や『淡海温故録』には、「八岐大蛇《やまたのおろち》」と記されている。鬼や獣、妖怪は政権に抗した一族なのである。

金太郎と酒呑童子

山姥

金太郎

安藤広重の「木曽海道六拾九次之内 柏原」に当時、江戸でも知られた伊吹のもぐさ屋亀屋左京の屋敷が描かれている。広重は店舗の右端に福助人形を左に金太郎人形を描き込んでいる。そして亀屋左京には今も大きな福助人形が現存している。

「福助人形」は江戸中期頃より人気を博した縁起物で、商売繁盛、家運隆盛の置物として愛されてきた。福助人形の発祥説は江戸発祥説、京都発祥説などさまざまで、一説に「もぐさ屋亀屋説」がある。柏原のもぐさ屋亀屋に番頭の福助が実在したというものだ。福助は正直者で、商売ではお客様に真心で応え、亀屋は大いに繁盛したという。では、「金太郎人形」はどうだろう。何故、広重は金太郎を描いたのだろう。当時、絵を見た人が、あるいは、絵を見て旅に誘われた人が柏原宿を訪れ、「ああ、なるほど、そういうことだったのか」と納得できる理由が必ずあったはずだ。

金太郎は、昔話に登場するヒーローである。足柄山で鉞《まさかり》担いで熊の背に乗り、菱形の腹掛けを着けた元気な男の子のイメージで、五月人形のモデルになっている。現代ではCMにも登場し、今も昔もその知名度は絶大である。

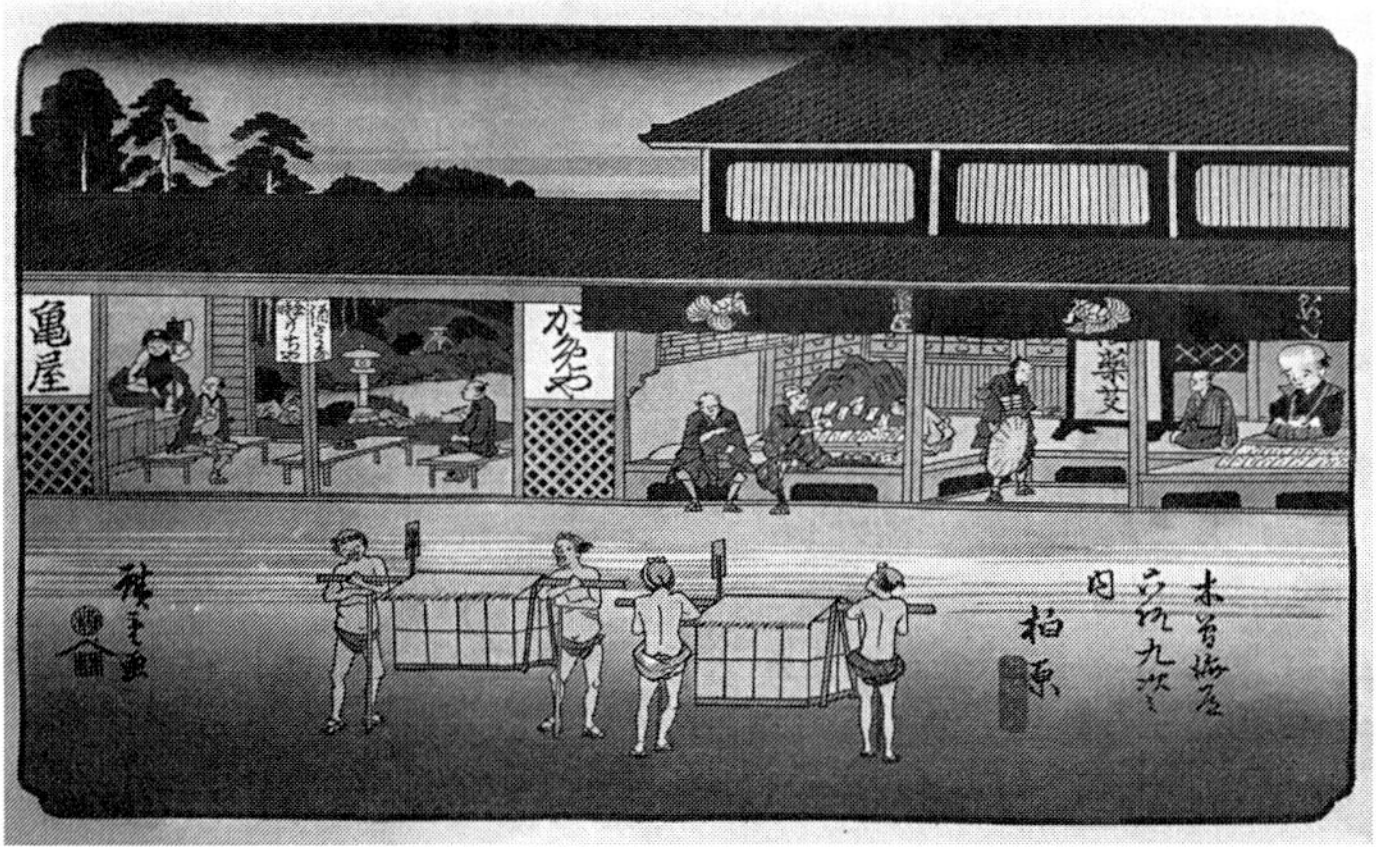

「木曽海道六拾九次之内　柏原」

「木曽海道六拾九次之内　柏原」　部分拡大

しかし、金太郎の物語の記憶は曖昧で、鉞を担いで動物たちと相撲をとっていたことくらいしか思い出せない人も多いのではないだろうか。平安時代、金太郎は足柄峠にさしかかった源頼光と出会い、力量を認められて家来となる。京に上り名を坂田金時《きんとき》と改名。数々の手柄をたてて渡辺綱《わたなべつな》、卜部季武《うらべすえたけ》、碓井貞光《うすいさだみつ》らと共に頼光四天王の一人となる。当時、丹波の国の大江山の酒呑童子が都を訪れては悪事を働いていた。そして、朝廷の命を受けて頼光と四天王は酒呑童子を見事に退治する。

さて、広重の描いた柏原宿だが、金太郎が坂田金時と名乗ったことに関係がありそうだ。柏原宿は近江国坂田郡にあった中山道60番目の宿場である。広重は、金太郎を描くことにより、金太郎、坂田金時、坂田郡柏原という絵解きを仕込んだのではないだろうか。「金時のちや」の行灯も坂田の連想を手助けしているように思う。

長浜の西黒田に金太郎伝説がある。

平安時代中期、天暦9年（955）に近江国坂田郡布勢郷に生まれた金太郎の出自は明らかではないが、当時この地に勢力のあった息長《おきなが》氏の一族で、金太郎は「番所《ばんどころ》」（長浜市小一条町）で、山姥と暮らしていたという。「番所」は、「姥《うば》が懐《ふところ》」がなまったものと伝わる。

芦柄神社（長浜市西黒田）

浮世絵師「喜多川歌麿」が描いた「山姥と金太郎」のように慈愛に満ちた美しい容姿の山姥だったに違いない。西黒田には製鉄の痕跡が少なからず残っている。「灰原」「タタレン」「穴伏」「焼尾」などの字名。鍛冶屋が軒を連ねていたという布施町の鍛冶屋場《かんじやま》庄司《しょうじ》など。後鳥羽上皇が佐々木定綱を奉行に鍛冶番匠を従えて名刀を打たせたという記録も残っている。青年となった金太郎は鍛冶屋で働いていたという。

天延4年（976）旧暦3月21日、上総守の任期を終え、黒田海道を上京中の源頼光が足柄山にさしかかったとき金太郎は家来となった。上京後、名を坂田金時と改め、正暦5年（994）、金太郎が住んでいた村の人々を苦しめていた伊吹山の山賊を退治、貞光とともに頼光の四天王と称されるまでになる。このとき退治したのは、大江山の酒呑童子ではない。

西黒田には芦柄神社、熊岡神社が、七条町・八条町・本庄町にはそれぞれ足柄神社がある。更に足柄山は現在存在しないが小字名が残り、伝承は真実に思えてくるのである。

酒呑童子

酒呑童子は平安時代の中期、茨木童子や熊童子など数多くの鬼を従え、丹波の国の大江山（京都府福知山市）を住処にした鬼だ。都の姫君を次々にさらい、財宝を略奪し人々を恐怖のどん底に陥れたといわれる。

鬼討伐の朝命を受けた源頼光を頭に、坂田公時・渡辺綱・卜部季武・碓井貞光ら四天王がその任にあたった。大江山に向う途中、翁に姿を変えた神々、石清水八幡・住吉明神・熊野権現に出会い「神便鬼毒酒」を授かる。人が飲めば百人力となり鬼が飲めば身体が痺れるという都合の良い酒である。一行は山伏に変装し一夜の宿を求め、童子の屋敷に入り込む。童子や鬼たちに件の酒をすすめ、酔い潰れ寝入ったところを一網打尽にし、さらわれた姫君たちを救い出した。

後世、『酒呑童子』は絵巻物・御伽草子・能や歌舞伎の題材となり、童子の出生から大江山に至るまでを著した『伊吹童子』の物語が誕生する。

近江の名高き大野木殿（米原市）の姫君が妊《みごも》り、3ヶ月の後に生まれたのが伊吹童子だ。生まれた時には既に髪も歯も生えそろい、目を鮮やかに見開き、「ち、ごはいづくにましますぞ」と話したという。父は伊吹弥三郎。その父は弥太郎。伊吹大明神（ヤマタノオロチ）の祭祀を代々司っていた家系である。伊吹童子は酒に酔い咎なき人を苛み、財宝を奪うなど悪行を繰り返して酒呑童子と呼ばれるようになり恐れ忌み嫌われた。大野木殿は伊吹童子を可愛がったが、悩んだ末、7歳のとき山に捨ててしまうのである。酒呑童子は山々を転々とした後、比叡山（大津市）に落ち着くのだが、最澄（伝教大師）に山を追われ、大江山に移り凄んだ。

他に、酒呑童子は、須川（米原市）の長者の娘・玉姫と伊吹大明神との間に生まれ、最澄の弟子として比叡山に入山する話も伝わる。

ところで、多賀大社には「古知古知相撲《こちこちずもう》」という神事がある。

9月9日、重陽の節句。古来中国では、奇数は縁起がよい「陽数」と考えていた。陽数の最大値「9」が重なるので「重陽」という。この日、多賀大社では豊年満作を感謝する秋祭り「古例祭」が行われる。豊凶を占う「古知古知相撲」の三番勝負は祭りの見所のひとつだ。東方「多賀の里」、西方「寿命ケ石」。毎年四股名は同じで、多賀の里が勝てば豊作である。真剣勝負で、多賀の里が勝利するシナリオは存在しない。

「社伝によると応神天皇の時代（270年）に当社の神主家犬上氏の高井主男枝尊《たかいぬしおぎのみこと》と都恵神社の神守事主美尊《ことぬしみのみこと》が、力を合わせて伊吹山の八岐大蛇（素戔嗚尊に討たれた八岐大蛇の子孫とも）を退治した日が9月9日だったので、その古事を偲んで相撲をとる」。「古知古知」とは「古い出来事を偲ぶ」という意味である。

重陽の節句は縁起がよいという理由だけで「古例祭」が行われるのではない。八岐大蛇を退治した記念日、この日を忘れないための相撲だったのだ。

景行天皇は、第12代天皇—倭建命vs白い猪
応神天皇は、第15代天皇—犬上氏vs山岐大蛇
一条天皇は、第66代天皇—源頼光vs酒呑童子

平安時代中期、京の都を恐怖に陥れた酒呑童子は一条天皇の命を受けた源頼光らによっ

古知古知相撲（2017.9.9撮影）

て討伐された。つまり、景行天皇の代で平定できなかった伊吹の神を、応神天皇の代で打ち負かし淡海を掌握。そして朝廷は一条天皇の代でようやく神代のリベンジを果たしたのである。

酒呑童子は最期に「情けなしよと客僧たち、いつわりなしと聞きつるに、鬼神に横道なきものを」、鬼は邪《よこしま》なことはしない、道から外れたこともないと言い残した。

確かに頼光らのやり方は、騙し討ちでかなり卑怯である。物語はほんとうにめでたし、めでたしなのだろうか……。伊吹弥三郎、酒呑童子（伊吹童子）は朝廷の討伐を正当化するため、世の全ての悪逆非道を背負わされたのかもしれない。権力の側にいるか、否か、その違いは残酷である。

天狗

高宮寺の天狗

アニメ『名探偵コナン』第52話「霧天狗伝説殺人事件」で、江戸川コナンが天狗のことを「もとは大昔、雷のような大きな音をたてた流れ星のことを中国から来た人が天の狗《いぬ》、天狗だって言ったのが始まりなんだって。中国ではこうした星が落ちるのは不吉の兆しだっていわれていて、それが日本にも伝えられ、天狗は怪しげな現象から、怪しい技をなす妖怪として認識されていったみたいだよ」と説明するシーンがある。

中国の伝承は日本には定着せず、独自の天狗が活躍する。嘴《くちばし》と翼をもった「烏天狗」は比叡山の僧たちと関わり『今昔物語』に多くの話が載っている。そして江戸時代、霊山で修行する修験者（山伏）の姿と重ね、「鼻高天狗」が生まれた。以降、天狗は人々の日常に活動範囲をひろげていく。淡海にも天狗の痕跡や伝承は数多く残されている。

山に棲み、神通力でさまざまな怪異を起こすのが天狗である。その他、霊峰・名山には必ず天狗の伝承が残っている。愛宕山太郎坊、比良山次郎坊、鞍馬山僧正坊、比叡山法性坊、横川覚海坊、富士山陀羅尼坊、日光山東光坊、羽黒山金光坊など、日本の48の霊山にそれぞれ天狗が棲んでいる。『天狗経』に記された四十八天狗である。比良山次郎坊、比叡山法性坊、横川覚海坊と淡海の天狗がランキングしているのが誇らしい。また、国の天然記念物イヌワシは漢字で「狗鷲」と書く。突出した大きな嘴、発達した視力、広い行動圏、すぐれた飛翔力、大きな翼と扇型の尾羽など、イヌワシは天狗のモデルともいわれている。伊吹山はイヌワシの棲息地だ。淡海には、星のごとく数多くの天狗伝承が残されている。

太郎坊天狗

東近江市（旧八日市市）には太郎坊宮がある。正式名称は「阿賀神社」という。標高350メートルの巨岩が露出した赤神山の中腹に鎮座している。太郎坊天狗が守護する神社である。御利益は「勝運授福」。御祭神は、正《まさ》哉《か》吾《あ》勝《かつ》勝《かち》速《はや》日《ひ》天《あめの》忍《おし》穂《ほ》耳《みみ》尊《のみこと》。御神徳は、「正に吾れ勝ち負けることがなく、勝つ事の速い事日の昇るが如し」から、勝運の神様と崇められている。

勝利することは常に良い結果ばかりを招くとは限らない。勝利したが故に不幸になることも現実にはある。しかし、阿賀神社では勝利することにより福を授かる「勝運」と「授福」がセットになっている。

自然崇拝の対象だった赤神山に阿賀神社を創建したのは聖徳太子であると伝わる。最澄（伝教大師）も神徳に感銘を受け、「赤神山成願寺」など50余りの社殿・社坊を建立した。このとき山奥から現れた太郎坊天狗が手助けをしたという。

阿賀神社（太郎坊宮）　ハサミ岩

問題は本殿へ向かう途中にある「夫婦岩」だ。「ハサミ岩」とも呼ばれ、親不孝者・嘘つき・邪心を持つ者はこの岩に挟まれると伝わる。岩と岩の隙間は約80センチ・全長約12メートル、真っ二つに押し開かれた裂け目は天狗の神通力によるものだ。通り抜ける自信がなければ裏参道を行くしかない。

長命寺（近江八幡市）は標高333メートルの長命寺山の山腹に鎮座する。別名を「金亀山《こんき》」という。西国三十三所観音巡礼の第三十一番札所である。第三十二番は観音正寺《かんのんしょうじ》（近江八幡市安土町石寺）、第三十三番は華厳寺《けごんじ》（岐阜県揖

長命寺　飛来石

斐郡揖斐川町）である。華厳寺を目指す途中に、江戸時代以前は観音霊場だった彦根山がある。この山も金亀山と呼ばれ、巡礼街道、巡礼の腰掛石などが語り継がれている。彦根山は三十三所には入らなかったが犬上の県主《あがたぬし》の祖神アマツヒコネノミコトが降り立った霊地「観音霊験天下無双の地」（『湖の国の中世史』髙橋昌明著）で、この人気は天狗の仕業とまでいわれたという。観音巡礼において「二つの金亀山」は何らかの理由で結ばれていたのかもしれない。

さて、長命寺は聖徳太子の創建と伝わり、鐘楼の西方に総鎮守として太郎坊権現が祀られている。普門坊という修行僧が長命寺を護持するために比叡山延暦寺に入り厳しい修行の末、神通力を身に付け、空を飛び天候を操る太郎坊となったと伝わる。その後、京都の愛宕山に移り凄んだ太郎坊が長命寺を懐かしく思い、投げ飛ばした大岩が長命寺の境内に突き刺さった。「飛来石」として信仰の対象になっている。

余談だが、武内宿禰《すくね》がこの山を訪れたのは、3世紀後半から4世紀初頭の景行天皇の時代である。柳の古木に「寿命長遠諸願成就」の文字を彫り、長寿を祈願したという。そして、聖徳太子が訪れ、宿禰が彫った「寿命長遠諸願成就」の文字を発見し感銘を受け、その霊木で千手十一面聖観音を彫り、推古天皇27年（619）に堂宇を建て安置した。宿禰の長寿にあやかり「長命寺」と名付けたのがこの寺の開基とされる。宿禰は景行・成務・仲哀・応神・仁徳の5代の各天皇に仕え、「神功皇后と仲哀天皇の神託に同席して仲哀天皇への忠告を行い、仲哀天皇亡きのちは神功皇后の遠征や反乱平定などを片腕として手伝っている人物なのである。」（『神話から読み、知る日本の神様』加来耕三著）。ヤマトタケルは景行天皇の息子だ。西征・東征を全戦全勝で終え、大和への帰途、伊吹山の神（白き猪）と徒手で戦い致命傷を負い亡くなった英雄である。同じ頃武内宿禰は、柳の木に「寿命長遠諸願成就」と彫り、300年の齢を得て5代の天皇に仕えることになった……。英雄の死と武内宿禰の長寿、大和政権内にどんなドラマがあったのだろう。

高宮寺・天狗の三本杉

高宮寺《こうぐうじ》（彦根市）は中山道を東へ入った、かつての高宮城の近くに位置している。『高宮寺縁起』によれば、奈良時代に行基僧上と婆羅門僧上が、仏教応化のため当地に伽藍を建立して称讃院と号したことに始まる。天平文化が花開いた時代で、西暦でいえば700年代、1200年を越える歴史を誇る。久寿2年（1155）に雷火により焼失。弘安2年（1279）、鎌倉時代中期、時宗の開祖一遍上人が高宮に立ち寄った際、北殿の高宮氏初代宗忠が、一遍の遺徳を仰いで一宇（1棟の建物）を建立した。高宮氏には2系統あった。鎌倉時代末に地頭として入部した紀州櫟《いちい》氏を祖とする北殿の高宮氏。将軍足利義持から6万貫を与えられて入部した六角氏頼の3男信高を祖とする南殿の高宮氏である。高宮城を居城としたのは南殿の高宮氏だ。

天正元年（1573）には、高宮城落城に伴って再び伽藍を焼失。江戸時代に入り、徐々に寺観が整えられて今日に至る。境内には、彦根藩井伊家5代直興《なおおき》が寄進した石造の地蔵菩薩を安置した地蔵堂や、北殿の高宮氏を守護した五社明神社、南殿の高宮氏の墓所などがある。

高宮寺の三本杉

『犬上郡誌・高宮町史』（昭和61年発行／犬上郡誌　明治14年刊・高宮町史　昭和33年刊　合本）のグラビアに「高宮寺の三本杉」の写真があり、キャプションに「この梢《こずえ》に天狗がいたという」と記されている。広い境内の特別な場所という雰囲気が漂っている。「梢」は、樹木の先の部分である。現在の三本杉は二代目というが、空にそびえる梢に天狗の姿を想像するのはそう難しくはない。

さて、鎌倉時代中期、時宗の開祖一遍智真（1239〜1289）上人が諸国遊行《ゆぎょう》の途中、称讃院で賦算《ふさん》を行った。「遊行」は、僧が各地を巡り歩いて修行または布教すること。「賦算」は、時宗において「南無阿弥陀仏、決定往生六十万人」と記した「念仏札」

を配ることをいう。一遍は、踊り念仏でよく知られた人物だ。このときの様子が『高宮寺縁起』や『近江国多賀大明神御霊夢常行念仏興行之縁起』に、おおよそ次のように記されている。

一遍上人が称讃院で賦算をしていると、ちょうど多賀社(多賀大社)の祭礼で神輿が渡御していたところ、何故か称讃院の前で突然動かなくなった。「この辺りに聖がいるから我を結縁させよ」と多賀神の神託があり、一遍上人が十念を唱え、「授阿弥陀仏」の法号を与えると、神輿が再び動きはじめ、無事祭礼を終えることができた。北殿の高宮氏初代宗《むね》忠《ただ》は、この不思議な出来事に威徳を感じ、一宇を建立する。その後、一遍の弟子で後を継いだ他阿真教《たあしんきょう》の多賀社参詣を機に、正安元年(1299)、高宮寺は天台宗から時宗に改宗、他阿真教を開基とし、一遍の弟子のひとり切阿《せつあ》上人を開山とした。「開基」は寺院または宗派を創立(創建)した人物、「開山」は初代住職となった僧侶のことである。

他阿真教は多賀社との結縁で、多賀社参詣のとき「南無阿弥陀仏」と「授阿弥陀仏」「成安元年八月日」の文字を鋳た円鏡を内陣におさめ、多賀社では真教に「神明の森」を奉って「遊行の森」といい、一遍をまつる聖宮を建てたと伝わる。当時の日本は、仏・菩薩が衆生を救うために神の姿となって現れるという「本地垂迹《ほんじすいじゃく》」の考え方が一般的だった。一遍は「専ら神明の威を仰ぎ、本地の徳を軽んずるなかれ」と神を仏とともに崇敬すべきことを説いている。多賀社の祭神は伊邪那岐命・伊邪那美命、本地仏は阿弥陀如来であり、高宮寺の山号は「神應山」。神に応える寺という意味になる。この話は、時宗と多賀神との習合を説く縁起とも理解することができる。多賀社の「神明の森」は杉の森であり、高宮寺の三本杉は多賀の神に応える証のようでもある。境内の三本杉に天狗が住み、高宮寺と多賀社の間を行来し、深夜には砂礫を投じたと伝わっている。

竹生島の天狗

「竹生島」（長浜市）は周囲約2キロメートル、面積は0・14平方キロメートル、沖島に次いで2番目に大きい島である。島の名は「（神を）斎《いつ》く島」に由来し、「いつくしま」が「つくぶすま」となり「竹生島」となった。竹生島には西国三十三所観音霊場第三十番札所の宝厳寺と都久夫須麻《つくぶすま》神社がある。宝厳寺は厳島神社、江島神社とともに日本三大弁才天に数えられている。聖武天皇の命により神亀元年（724）に行基が竹生島を訪れ、弁才天を祀ったのを起源としている。しかし、承平元年（931）に成立した『竹生島縁起』には、行基の来島は天平10年（738）で、小堂を建てて四天王を祀ったと書かれている。

東近江市の阿賀神社は太郎坊天狗が守護する神社だった。竹生島もまた天狗が多く住んでいたが、行基が説き伏せて手伝わせたという。

島には行尋坊天狗堂の祠がある。おそらく行尋坊天狗も守護を誓ったのだろう、その証が宝厳寺の寺宝として遺る「天狗の爪」である。行基来島が神亀元年（724）と天平10年（738）の違いは、行尋坊天狗を説き伏せるために要した時間だったのかもしれない。

天狗堂

竹生島の「天狗の爪」には異なる伝承もある。旧びわ町早崎にある竹生島一の鳥居横にある石碑には天狗の爪痕が残っている。天狗が竹生島に持ち帰ろうと石碑を掴んだ時に石が欠け爪も落ちてしまった。この爪が寺宝となったというものだ。

天狗の爪痕

彦根市中藪町にある白山神社には、数年前まで、「天狗の足跡」が残る岩があった。今は「神石」とされ、この石に「天狗さまが降りられる」と伝わっている。

ところで、長浜市大浜町の日吉神社正面に杉の大木があり、夜遅く神社の前を通ると、上の方からザー、パラパラと砂が降ってくるという。街灯もない時代の話で天狗の仕業だと伝わっている。山の中で砂が降ってくるのを「天狗礫《つぶて》」という。江戸時代後期の浮世絵師で妖怪画を多く描いた鳥山石燕《とりやませきえん》も「天狗礫」を『今昔百鬼拾遺』に描いている。「深山幽谷の中にて一陣の魔風おこり、山鳴、谷こたへて、大石をとばす事あり。是を天狗礫と云」。礫は大石であるのに対して大浜の天狗は「砂」であり、高宮寺の天狗は砂礫。湖岸では砂、内陸部では砂礫であるところが湖の郷《くに》、淡海らしい。大岩を鞍馬山から投げてきた長命寺の太郎坊天狗は規格外だが……。

仙人姿の天狗

西明寺（甲良町池寺）は承和元年（８３４）平安時代初期、仁明天皇の勅願により三修上人（慈勝上人）が開山したと伝わる。令和２年（２０２０）、本堂（瑠璃殿）内陣の本尊・薬師如来像前の西柱と南柱を赤外線撮影したところ菩薩立像が4体ずつ描かれていることが判明した。飛鳥時代（５９３〜７１０）のもので、創建年代を遡る可能性があるという。平安・鎌倉・室町の各時代を通して、国家安泰・五穀豊穣・病気平癒などを祈る祈願道場、また僧侶を育成する修行道場として、堂塔17、僧坊３００を有する大寺院だった。織田信長が比叡山を焼き討ちにした直後、西明寺も兵火に襲われたが、本堂（国宝）・三重塔（国宝）・二天門（重要文化財）は焼失を免れた。江戸時代、天海大僧正らの尽力により復興し、美しい姿を今に留めている。

昭和26年（１９５１）2月14日付の滋賀新聞に「仙人姿の〝天狗〟實在？」という記事が

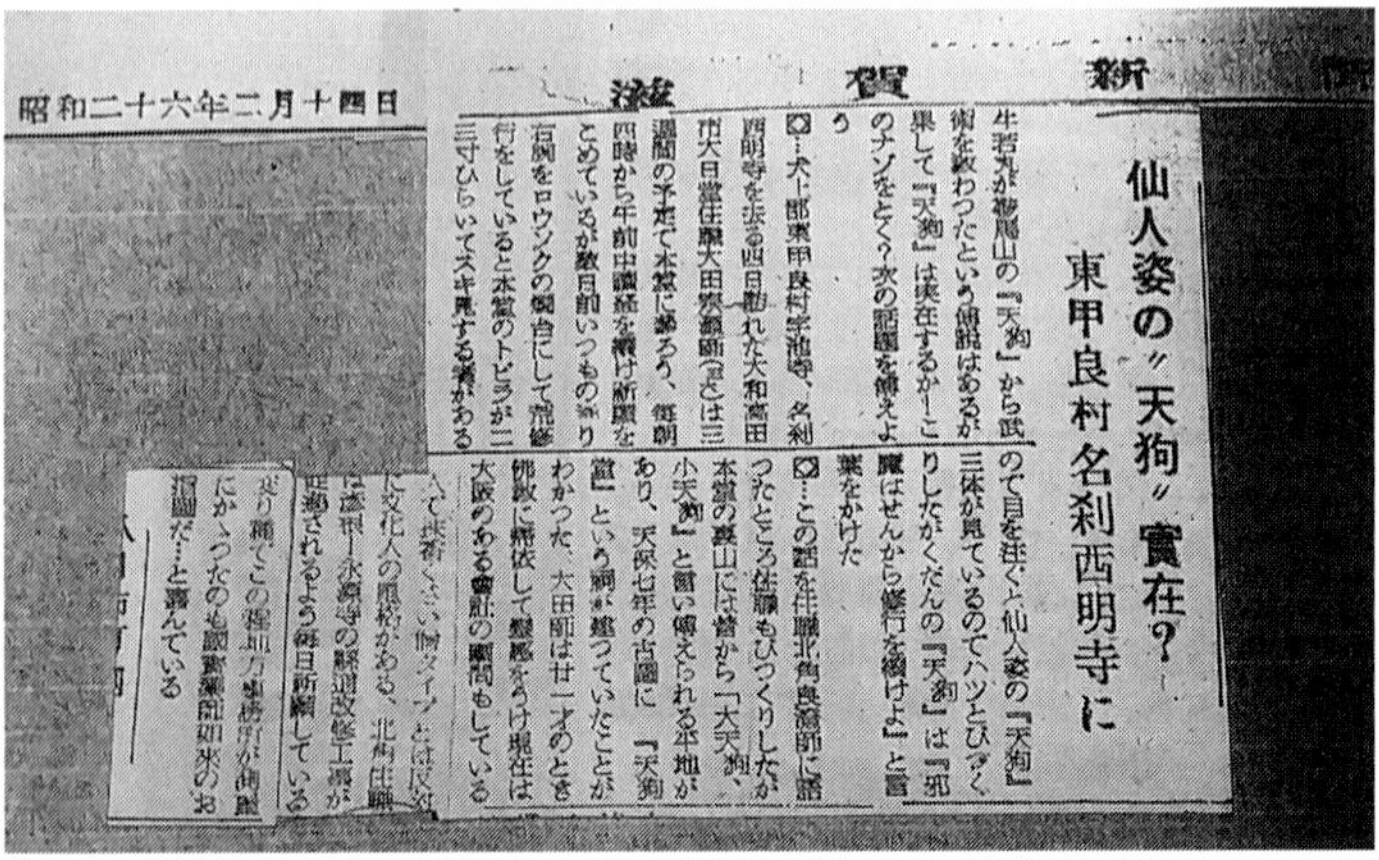
滋賀新聞　昭和二十六年二月十四日

仙人姿の〃天狗〃實在？
東甲良村名刹西明寺に

牛若丸が鞍馬山の『天狗』から武術を教わったという傳説はあるが果して『天狗』は実在するか―このナゾをとく？次の話題を傳えよう

…犬上郡東甲良村字池寺、名刹西明寺を去る四日訪れた大和高田市大日堂住職大田宗源師(三六)は三週間の予定で本堂に參ろう、毎朝四時から午前中讀経を續け祈願をこめているが数日前いつもの通り右腕をロウソクの燭台にして荒修行をしていると本堂のトビラが二三寸ひらいてスキ見する者があるので目を注ぐと仙人姿の『天狗』三体が見ているのでハッとびっくりしたがくだんの『天狗』は『邪魔はせんから修行を續けよ』と言葉をかけた

…この話を住職北角良澄師に語ったところ住職もびっくりしたが本堂の裏山には昔から『大天狗、小天狗』と言い傳えられる平地があり、天保七年の古圖に『天狗窟』という洞が載っていたことがわかった、大田師は廿一才のとき佛教に帰依して霊感をうけ現在は大阪のある會社の顧問もしている

昭和26年２月14日付の「滋賀新聞」（西明寺提供）

残っていた。

犬上郡東甲良村字池寺、名刹西明寺を去る四日訪れた大和高田市大日堂住職大田宗源師（36）は三週間の予定で本堂に參ろう、毎朝四時から午前中讀経を續け祈願をこめているが数日前いつもの通り右腕をロウソクの燭台にして荒修行をしていると本堂のトビラが二三寸ひらいてスキ見する者があるので目を注ぐと仙人姿の「天狗」三体が見ているのでハッとびっくりしたがくだんの「天狗」は「邪魔はせんから修行を續けよ」と言葉をかけた。

この話を住職北角良澄師に語つたところ住職もびっくりしたが本堂の裏山には昔から「大天狗、小天狗」と言い傳えられる平地が

あり、天保七年の古圖に『天狗堂』という祠が建っていたことがわかつた（後略）

右腕をロウソクの燭台にした荒修行を仙人姿の天狗三人が見ているというビジュアルが映画のようだ。天狗は大抵山伏の装束を纏っているが、仙人姿であるところが淡海唯一、西明寺にしか現れない天狗である。

何故、仙人姿なのか。天狗は「主に山に棲み、神通力をもってさまざまな怪異を引き起こすと信じられてきた」（『日本妖怪大事典』村上健司編）。仏教が盛んになる以前から存在し、仏教の守護者となったともいわれている。「邪魔はせんから修行を續けよ」と告げたところからして、西明寺を守護する天狗だろう。仙人姿と山伏姿の天狗がいるということは、未だ見知らぬ天狗の一族がいたのかもしれない。

西明寺は、三修上人（慈勝上人）の開山と伝わる。上人が琵琶湖の西側から東方を眺めていた時、突

扉の隙間から仙人姿の天狗が覗いていた西明寺本堂（国宝）

如として紫雲たなびき、山上に光明がさすのを感得した。「この光の源をたずねれば、きっとすばらしい霊地があり、重大な使命が下されるに違いない」と霊感に打たれた。直ちに上人は「飛燕の術」を用いて琵琶湖を飛び越え、現在の西明寺の地に至り、一心に祈っていると、池の中から薬師如来が日光菩薩・月光菩薩・十二神将を随えて湧出したという。三修上人は、尊い薬師如来の御姿を御祀りしたいと、閼伽《あか》池の傍の立木を彫って本尊とした。

三修上人が使った「飛燕の術」というのが、実に天狗っぽいのである。「飛燕の術」というのは、特殊な修行を終えて会得する飛行術で、修験道で名高い役行者も、「飛燕の術」を会得した一人である。上人は伊吹山（米原市）の護国

郵　便　は　が　き

お手数ながら切手をお貼り下さい

５　２　２－０　０　０　４

滋賀県彦根市鳥居本町655－1

サンライズ出版　行

〒

■ご住所

■お名前《ふりがな》　　■年齢　　　歳　男・女

■お電話　　■ご職業

■自費出版資料を　　希望する　・　希望しない

■図書目録の送付を　　希望する　・　希望しない

サンライズ出版では、お客様のご了解を得た上で、ご記入いただいた個人情報を、今後の出版企画の参考にさせていただくとともに、愛読者名簿に登録させていただいております。名簿は、当社の刊行物、企画、催しなどのご案内のために利用し、その他の目的では一切利用いたしません（上記業務の一部を外部に委託する場合があります）。

【個人情報の取り扱いおよび開示等に関するお問い合わせ先】
　サンライズ出版 編集部　TEL.0749-22-0627

■愛読者名簿に登録してよろしいですか。　□はい　□いいえ

ご記入がないものは「いいえ」として扱わせていただきます。

愛読者カード

ご購読ありがとうございました。今後の出版企画の参考にさせていただきますので、ぜひご意見をお聞かせください。なお、お答えいただきましたデータは出版企画の資料以外には使用いたしません。

●書名

●お買い求めの書店名（所在地）

●本書をお求めになった動機に○印をお付けください。

1．書店でみて　2．広告をみて（新聞・雑誌名　　　　　　　　　）
3．書評をみて（新聞・雑誌名　　　　　　　　　）
4．新刊案内をみて　5．当社ホームページをみて
6．その他（　　　　　　　　　）

●本書についてのご意見・ご感想

購入申込書　小社へ直接ご注文の際ご利用ください。
お買上 2,000 円以上は送料無料です。

書名	（　　　冊）
書名	（　　　冊）
書名	（　　　冊）

寺に入り、元慶2年(878)に同寺を定額寺《じょうがくじ》とし、伊吹山に長尾、弥高、太平の三寺を創建したと伝えられる。定額寺とは奈良・平安時代の官大寺・国分寺に次ぐ寺格をもつ仏教寺院のことである。上人は西明寺を開山した後に伊吹山に入ったことがわかる。

また、三修上人(三修禅師)は『今昔物語』巻第二十、十二話、「伊吹山の三修《さんしゅ》禅師、天狗の迎へを得たる語　第十二」に登場する。三修禅師が天狗の演出した阿弥陀仏の来迎に誘い出され、奥山の杉の梢高く縛りつけられ、救出されるが正気に復さないまま死んでいったというものだ。「飛燕の術」をマスターした三修上人でさえ、天狗に騙される。深い信仰心をもった聖人であったとしても、天狗にたぶらかされる盲信を戒めた話だという。「邪魔はせんから修行を續けよ」という西明寺の天狗とは違い、伊吹山の天狗は恐ろしい。

修験者とは、「山に伏して」修行することで自然エネルギーを得て神通力や霊力など人智を超えた力を得た人、得ようとする修行者のことである。西明寺のご住職中野英勝師は、「仙人姿の天狗」について「役行者のような姿」を想像しているという。修験道の祖となる仙人姿、「山に伏す」姿の天狗がイメージできるのではないだろうか。

ところで、『豊郷の昔ばなし』(豊郷町教育委員会 編集)に西明寺の大天狗が雨降野の高僧と囲碁をして負け、九条野山の水源を与えた話がある。大天狗は碁の名人、高僧は近郷きっての腕前だった。雨降野は昔は「なら村」と呼ばれていた。楢林を切り拓き甲良や秦荘から人が移り住んだのだという。しかし、水の便は悪く少し日照りが続くと田の水にこと欠く有様だった。雨を望む気持ちは切実で、なら村を雨降野と呼ぶようになった。『こうらの民話』(甲良町教育委員会編集)には、湛清大和尚が川下の雨降野という在所が年々水不足で困っているのを聞き、寺領の西ヶ丘の2ヵ所に溜池を作って用水を確保した。それ以後、雨降野には年々美田に稲穂が実り、生活も次第に楽になったという話が載っている。

湛清大和尚は友閑《ゆうかん》和上の三男で、友閑和上は延宝年間(1673~1681)に荒廃した西明寺を復興した人物である。『豊郷の昔ばなし』に登場する大天狗は湛清大和尚ではないだろうか。囲碁の勝負を装い課題を解決するところは、流石に大天狗である。

西明寺の周囲の山麓から広がる広大な平野部(農地)には、北に犬上川があり、南には宇曽川があるが、川らしい川が見当らない。農業は西明寺の山林の水を頼るしかなかったようである。水を農耕用に提供してくれる山や森に対する感謝の気持ちから生れた水への信仰は、西明寺の薬師如来への信仰となったと考えられる。

ここまでの話で天狗は「神通力を持っている」「霊山、聖徳太子、行基、最澄と関係がある」「仏教が盛んになる以前から天狗は存在していた」「仏教の守護者となった」、あるいは「仏教に住処を譲った(奪われた)」「今も信仰の対象となっている」「砂、砂礫、礫、岩などの痕跡を残す」「修行をすることで天狗になることができ、空を飛ぶことができる」ということがわかった。ただ、余呉町には愛すべき天狗がいることだけは忘れないようにしたい。うどん好きなのである。

ある晩、男が「誰か来おった」と叫びながら竹の棒をつかんで駆け出し、そのまいなくなった。1週間たっても帰らないので、親類が天狗の好物のうどんを屋根の上に供えると、いつの間にか食べられていた。そのとき男は姿を消した場所に帰ってきたという(『余呉町のむかし話』)。

男は1週間、何をしていたのか? 何故、竹の棒だったのか? 親類は何故、天狗の好物を知っていたのか? うどんは、きつねかたぬきか、それともうどんならば何でもいいのか……。真相はあきらかにされていないが、淡海の天狗伝承は殺人事件に発展しないところがいい。天狗に出会ったら、うどんで抱き込みたいものである。

ところで『クィディッチ今昔』(静山社ペガサス文庫)に天狗のことが書いてある。クィディッチというのは、ハリー・ポッターがホグワーツ校で当時最速の箒「ニンバス

2000」を操りシーカーとしてデビューしたあのスポーツである。『クィディッチ今昔』にはアジア最強チームとして「トヨハシ・テング（豊橋天狗）」を紹介している。1994年、リトアニアのゴロドク・ガーゴイルズに惜しくも敗れたそうだ。「負け戦の儀式に、自らの箒を焼き払う習慣は、せっかくの木材をむだにするものだと、国際魔法使い連盟クィディッチ委員会が難色を示している」と書かれている。

国際魔法使い連盟は、天狗は飛行術を得意としてはいるが、魔法使いとは根本的に術の成り立ちが違うということを理解していない。「飛燕の術」は、天女のように重力を操るのではなく、鳥のように羽ばたくわけでも、プテラノドンのように滑空するわけでもない。岩に足跡を穿つほどの力でジャンプし目的地まで飛ぶのである。天狗が箒を焼き払うのは、箒を使うというルールへの無言の抗議ではないだろうか。「飛燕の術」を使わず、魔法使いのルールでフェアに戦った天狗を誇りに思いたい。

河童

水虎

「河童の川流れ」とは、泳ぎのうまい河童でも水に押し流されることがある。得意なことで失敗することをいう。あるいは、誰でも最初は下手で当たり前という意味にも使う。「河童が皿の水をこぼす」は、頼りにしていたものを失うこと。「河童の寒稽古」は周りの人には苦痛に見えるが、本人には大したことではないこと。「陸に上がった河童」は自分に適した環境とは違うところでは、能力を発揮できず無能なことをいう。このことは、日本中に河童が存在し、人の暮らしに近いところにいた妖怪であることを示しているだけでなく、河童がどんな妖怪なのかを誰もがおおよそ知っているということだ。

『日本妖怪大全』（水木しげる著）に「水虎」という妖怪の話がある。「河童の中でも親方のように大きく、しかも姿が見えにくい。九州の筑後川、近江の琵琶湖あたりにいるといわれ、夜ふけに戸をたたいていたずらをしたり人に憑いたりする。水虎をよけるには、鎌をかけておくといいといわれ、麻がらとか大角豆《ササゲ》を家の外にまくと、きらってこないといわれる」。寛政9年（1797）頃に書かれた随筆集『閑窓自語』（柳原紀光著）の「近江水虎語」には、「近江なりけるものかたりしは、湖水にかはら（水虎俗にかはたらう、あるひはかつぱなどといふなり）おほくあり」とある。水虎は淡海の妖怪なのだ。

『日本妖怪大事典』（村上健司編著）に「鳥山石燕は『今昔画図続百鬼』で【水虎はかたち

小児のごとし。甲は峻鯉（センザンコウ）のごとく、膝頭虎の爪に似たり。もろこし速水の辺にすみて、つねに沙の上に甲を曝すといへり】とあり、河童とは違う、全身鱗に覆われた妖怪を描いている。石燕は解説を江戸の百科事典である『和漢三才図会』より引き、『和漢三才図会』は中国の古書『本草綱目』より引用している」と記されている。

都道府県別に「河童伝承」を収録した『河童伝承大事典』（和田寛編　岩田書院）には、5403件が収録されている。熊本377、鹿児島350、和歌山277、岐阜260、福岡245、滋賀は51。

〈地域別滋賀県の「河童伝承」〉（『河童伝承大事典』〈和田寛編　岩田書院〉）

大津市4／長浜市1／近江八幡市5／野洲地方2／神崎郡能登川町（現東近江市）2／愛知郡愛知川町（現愛知郡愛荘町）1／坂田郡伊吹町（現米原市）2／東浅井郡浅井町（現長浜市）1／東浅井虎姫町（現長浜市）1／東浅井郡びわ町（現長浜市）3／伊香郡高月町（現長浜市）3／伊香郡木之本町（現長浜市）3／伊香郡余呉町（現長浜市）4／伊香郡西浅井町（現長浜市）1／高島郡マキノ町（現高島市）4／高島郡今津町（現高島市）4／高島郡朽木村（現高島市）5／高島郡安曇川町（現高島市）1／高島郡高島町（現高島市）1／高島郡新旭

町（現高島市）3

「湖水にかはら（水虎俗にかはたらう、あるひはかつぱなどといふなり）おほくあり」という割には少ない。

『河童伝承大事典』には滋賀県の河童の形状と習性も整理されている。

〈河童の形状〉

子供のような姿をしている／背丈は一メートルぐらいである／頭の周囲には毛が生え、頭の頂きは禿げている／頭に皿を被っている／口は鳥のように尖っている

〈河童の習性〉

川の中から手を伸ばして、人間や馬の尻の穴から肝を抜き取る／水遊び中に人間の尻子玉を抜く／人の生き血を吸う／人を見ると相撲を挑んでくる／水の中で大きな泡を吹く／相手の心を見抜くことができる

〈河童の好きな物（事）〉

滋賀県内では、河童は次のような物（事）を好むと言い伝えている／胡瓜が大好物である／尻子玉が好きである／相撲を取るのが好きである。

〈河童の嫌いな物〉

麻や麻幹《おがら》が嫌いである／大角豆《ささげ》が嫌いである／オブクサン（仏壇に供えた御飯）が嫌いである／金物（鎌や包丁など）が苦手である／煙草の煙が苦手である／火が苦手である

また、沖島ではカワウソが人を欺す話、能登川では車夫に化けたカワウソの話なども集録し、滋賀県では河童を「カワウソ」と呼ぶとしている。

ここではできるだけ『河童伝承大事典』とは異なるかたちで淡海の河童を紹介することにする。

河太郎図

『伊吹町史　文化・民俗編』の「伊吹の語彙・方言」に、カッパを「ガワタロ、ガワタ、ガタロ」と呼ぶことが記されている。その他、淡海ではガッタ・カワウソ・ガワタラ・ガワタロウ・カワタロウなど呼称があり地域によってさまざまだ。河太郎もそのひとつだ。

2016年、彦根城博物館で「コレクター大名井伊直亮《なおあき》―知られざる大コレクションの全貌──」という企画展が行われ、「河太郎図」が展示されたことがある。彦根藩井伊家12代直亮（1794〜1850年）のコレクションは、雅楽器でよく知られているが、書画・典籍・武器・武具・洋書・ヨーロッパ製の機械器具、博物学関連資料など多様な分野に及ぶ。寸法や附属品、入手先、附属文書の文言、金額など、直亮自らが詳細を書き残している。

「河太郎図」（江戸時代後期）は縦94センチ・横40センチと大きい。手足には4本の指、黒く尖った爪、鱗、指の間には水掻、おかっぱ頭で黒髪が墨一色で描かれている。伸び縮み

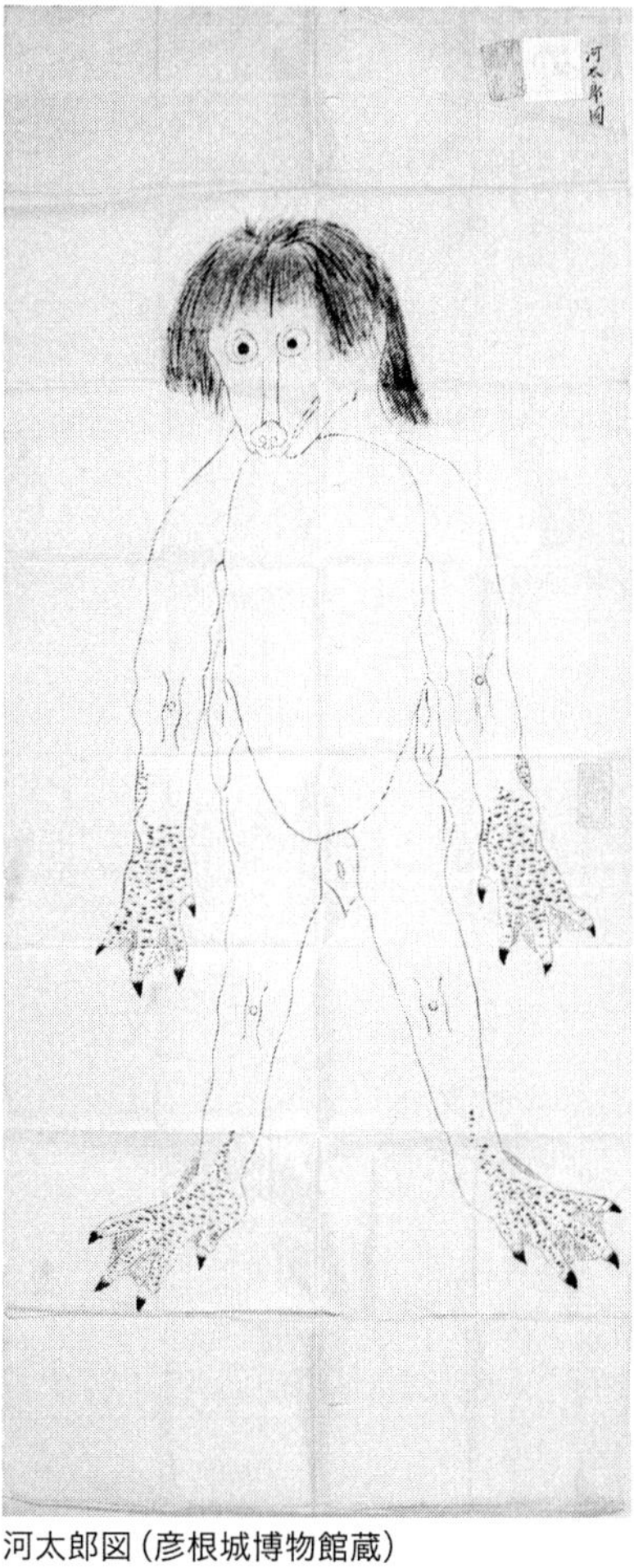

河太郎図（彦根城博物館蔵）

が可能で前にも後にも曲げることができる肘と膝の関節も描かれている。更に、排泄口がひとつであることが確認できることから、哺乳類ではないことがわかる。

この「河太郎図」の不思議なところは河童のアイコンである頭の皿がなく、黒髪の中に鋭い三日月形のラインが描かれているところだ。直亮がコレクションした「河太郎図」とよく似た図像に、川崎市市民ミュージアム所蔵の「寛永年中豊後肥田ニテ捕候水馬之圖(水虎之図)」(江戸時代)がある。鱗はなく頭には円形の皿が描かれ「頭ノ皿ニ蓋アリテ蛤ナトノ如ク打カブリ深サ一寸許カリ」と注釈がついている。「河太郎図」の三日月形は皿の蓋のラインなのだ。直亮が収集し自ら蔵書印「張琴館図書印」を捺した「河太郎図」がいい加減なものであるはずがない。

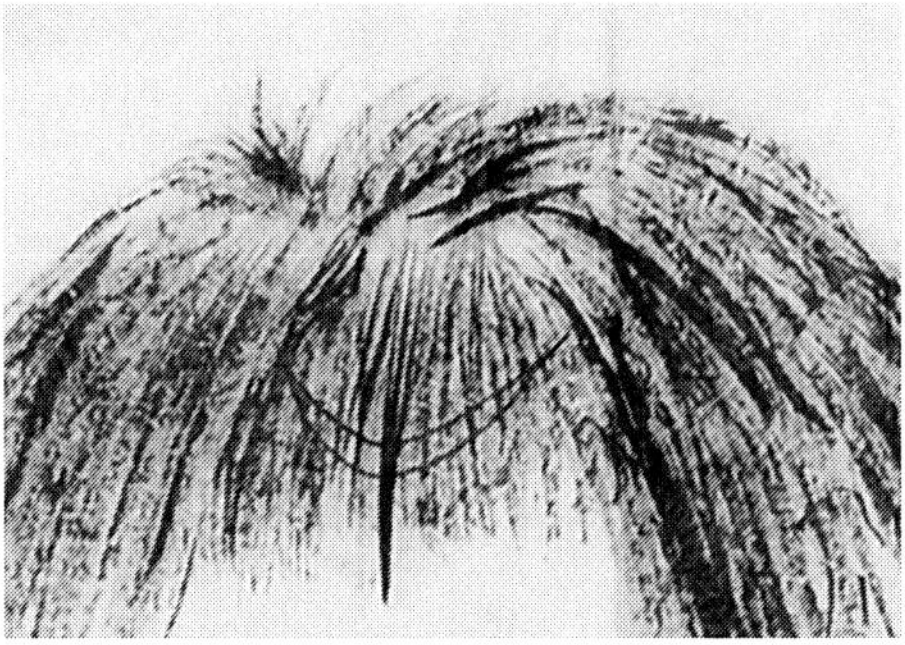
河太郎図拡大(彦根城博物館蔵)

河童の皿は、どのように頭についているのか、いかにして水を溜めておくのかなど疑問があったが、「河太郎図」によって納得することができる。蓋のラインの部分が貝のように開閉し水を溜めておくことで水の蒸発を防ぎ、過激な運動にも耐えることができる合理的な構造になっている。江戸時代には河太郎の研究が進んだということであり、直亮は当時最新の河太郎図を手に入れたのではないだろうか。

『日本書紀』に、推古27年（619）4月「蒲生河に物有り。その形人の如し」とあり、これが人魚の最も古い記録だとされている。河童が現代のようなイメージになったのは近世だというが、頭の皿を髪の毛で覆った「河太郎図」を観ていると河童の方が人間臭く、よ

ワカモリ薬局の河童（2013.6.12撮影）

ほど「人の如し」だと思えてくるのである。

ちなみに、「ハリー・ポッター」シリーズでは、闇の魔術に対する防衛術で少し触れられ、スピンオフ映画『ファンタスティック・ビーストと魔法使いの旅』のサーカスのシーンでも河童が登場している（皿のところには毛はない）。

薬局のマスコットガワタロ

長浜市大宮町のワカモリ薬局のショーウィンドーに2013年頃まで木彫りの河童が飾られていた。手足に鱗が彫られ、嘴のような口、肺のようなものを突き刺した竹竿にガワタロと書いた旗が翻っていた。

明治時代、肺の病に効く妙薬を扱う製薬会社のキャラクターだったという。当時撮った写真を改めて見ると、手の指は5本あり、全身に鱗がある。オカッパ頭で頭頂だけが球面状に彫られている。口は尖り嘴のようである。薬局は移転しシャッターが閉まっているので残念に思っていたが、小堀町の調剤薬局で今も健在だということだ。

売買された河童の皿

『明治妖怪新聞』（湯本豪一編）に「河童の皿に高値」（明治12年〈1879〉3月4日読売新聞）という記事が載っている。「……近江国長浜門前町の古道具商西川忠平が此皿を兼て所蔵すると聞き込み、越前敦賀の船頭加島市蔵は三毛猫の雄にも勝りて難船防《なんせんよけ》になるべしと思ひしかば、取る物も取敢へず長浜へ到り何気なき体《てい》にて骨董《どうぐ》を素見《ひやみ》せし後ち段々値切りて、僅か天保銭数枚を出し彼の頭皿を買受け飛ぶが如くに敦賀へ帰り船乗り仲間に見せたれば懇望する者多く五十円或は七十円に買はんと云ふゆゑ市蔵は益々珍重し、終《つひ》に百四五十円迄の高価に値上げされしも猶ほ悋《をし》みて譲らぬとの事……」

雄の三毛猫はほとんど生まれない。古くから天候を知らせ、船を安全な場所へ導くと船

近江八幡市の八幡堀の神社

乗りたちに信じられていた。河童の皿はそれに勝るというのだから、希少で御利益は計り知れない。長浜門前町は大通寺門前町のことだろう。黒壁スクエアに「古美術西川」という店があるので尋ねてみたが、残念ながら大正時代の創業であった。

製薬会社のキャラクターであったり、河童の皿を難船防に買いに来るなど、長浜の河童は近代も生き残り、暮らしにより近くリアルである。

ちなみに、近江八幡市の八幡堀の船着き場近くに、赤い鳥居がある。奥の古い社に真新しい石でできた河童がいる。面白いのは、お腹に「和」という文字が彫られ、顔より大きな皿を三度笠のように被っているところだ。頭全体が皿なのである。朱塗りの鳥居があることから、河童に似た新たな神様なのかもしれない。

淡海の河童は律儀である

伊香郡川合村（現長浜市木之本町川合）の治郎平（一説には中島音次郎）宅に河童が毎晩訪れ、「相撲をとろう」と障子の穴から中を覗くのだという。ある晩、河童を捕らえて柱に縛り、頭の皿を割ろうとすると、河童は謝り「川合村がある間は、村人を淵に引きずり込みません」と言ったので放してやった。それ以後、河童は礼として、毎朝、家の前に魚を置いていった。治郎平が魚を掛けるように鉄で鈎（かぎ・こう）を作ったところ、河童は魚を持って来なくなった。河童は金物が苦手なのである。その代わり「川合村がある間は、村人を淵に引きずり込みません」という証文を書いて置いていった。鈎を作ったところ、河童が魚を持って来なくなった話は旧余呉町にも伝わる。

その他、「相撲をとろう」と言ったら、炎天下で待たされ皿の水が乾いてしまい、力を発揮できずに負ける（旧余呉町）。相撲をとろうとしたら、相手が逆立ちをしたので、真似をしたら皿の水をこぼしてしまって、力を出せずに負ける(旧木之本町)。「オブクサンやササゲを食べて来たらあかん」と自分の苦手(弱点)を暴露して負ける(旧びわ町)。ちなみに、オブクサンは、仏壇のご先祖様にお供えするご飯。ササゲ(ササギ)は大角豆のことだ。

現代では死語に近いが「エロガッパ」という下世話な言葉がある。大人の河童はときどきエッチである。昔、近江国野洲郡江頭村(現近江八幡市江頭町)に住んでいる百姓の留守宅へ河童が百姓に化けてやって来て、その妻と交わった。そこへ、百姓が戻って来て、河童は打ち殺されそうになったが、詫びをいって許してもらい、その礼として大きな鮒を2〜3日ごとに届けるようになった。10年ほどたってから、河童は「近ごろは新田が多くなって、魚を捕るのが難しくなった。魚を届けるのは今日限りにしてほしい」といって立ち去り、二度と姿を現さなかった。

河童は全ての弱点を知られているが、それでも相撲をとる。悪戯もするが約束を守り続ける。約束が守れなくなれば、理由を伝える。淡海にはたいそう律儀な性格の河童が多いようである。

沖島

沖島のカワウソ

沖島（近江八幡市）では、地引網の時期なると、朝、寝過ごさないよう「起こし番」というのを決めていた。シーズンは秋である。起こし番は「イコケーイコケー」と仲間を起こして回るのだ。ある夜、「イコケーイコケー」の声が聞こえたので仲間の船まで行くと、まだ誰も来ていない。家に帰ろうとすると、暗がりのなかを走り去る物音がしたので、よく見るとカワウソだった。このことを仲間に話すと、「わしも騙された」という人が次々にあらわれた。湖岸で米をとぐ音がするので、近づいてみると米をとぐ女の姿があったという人もいた。この辺りでカワウソというのは河童のことであるという。

ところでニホンカワウソは北海道から九州まで広く生息していたが2012年、環境省のレッドリスト改訂で正式に絶滅が宣言された生物である。犬上郡多賀町萱原にはカワウソが二丈坊という大きな坊主に化けたという話がある。かつて淡海にも湖岸から山の奥までカワウソが生息していたことがわかる。もはや妖怪のカワウソからしか、その存在の痕跡を辿ることができない。『河童伝承大事典』では、河童をカワウソと呼ぶとしているが、河童の別名にカワソがあるからではないだろうか。

デンダイドのミステリー

旧東浅井郡びわ町（現長浜市下八木町）の河童の昔話である。

下八木の南西に「デンダイド」という大きな沼があった。沼のそばに「デンダ」という爺さんが住んでいた。デンダが「ナカエリ」という湖のそばへ畑仕事にでかけると、ガワタ（河童の別称）と相撲をとることになった。なかなか勝負がつかず、デンダは負けそうになったので、力まかせにガワタの頭を叩くと、頭の皿が割れ、ガワタは頭をおさえて、「覚えていろ」と叫び逃げていった。

その夜、誰かが「デンダが、ガワタに殺された」と何度も触れ回ったので、村人がガワ・タの家へ駆けつけると、爺さんは尻のトッコを抜かれて死んでいた。それ以後、デンダイドでは「ガワタにトッコを抜かれてはたまらん」といって泳がなくなったという。

河童は、陽気で悪戯好きなものばかりではない。牛や馬ときには人を沼や川、湖に引きずり込み、尻から血を吸い、尻子玉を抜き死に至らせる。海外では河童のことを「Anus Vampire」ともいい、吸血鬼の仲間として扱われている。尻子玉は、人の肛門の中にある想像上の玉（臓器）で、河童の好物故、「Anus Vampire」という名も納得である。尻子玉は全国共通の河童の好物だが、何故、下八木では尻子玉ではなく「トッコ」というのか、何らかの理由があるはずだ。

「デンダイド」という沼は下八木の南西、「ナカエリ（中魞）」は下八木の湖側にあると昔話は伝えている。ナカエリは奥びわスポーツの森辺りだ。デンダ爺さんは沼の管理者、あるいは所有者だったのではないだろうか。

旧びわ町野寺にガワタが出る「姉川原の水だまり」という話がある。

姉川に架かる野寺橋が土橋だった頃、川原はいつも深い水だまりになっていて、護岸には数多くの杭が打ち付けられ底はすり鉢状になっていたという。ここにガワタがおり、誘われて相撲をとっていると深みに引きずり込まれ肛門から生き肝を取って食べられてしまうという。野寺橋がコンクリート橋になると（おそらく1959年頃）、川床が高くなり水だまりもなくなり、ガワトロは大浜の渕に宿替えしたという。大浜は姉川河口付近である。宿替えするガワタをガワトロと記してあるのが興味深い。ガワタ、つまり河童は住み心地のよい場所を求めて移住することができる妖怪であることがわかる。ということは、「デンダイド」の所有をめぐる争いが殺人事件へと発展したということではないだろうか。

調べていると相撲に「デンダが負けて、ガワタの皿を割った」「負けそうになってガワタの皿を割った」、村人は「デンダの家に駆けつけた」と「ガワタの家に駆けつけた」と、昔話には二つのバージョンがあった。

「デンダが負けて、ガワタの皿を割った」「ガ・ワ・タの家に駆けつけた」というパターンが面白い。「デンダが、ガワタに殺された」と何度も触れ回った者が誰かは明らかにされていないが、たぶんガワタ自身ではないだろうか。デンダイドの所有権を奪ったことを知らせるためである。村人はデンダの家に駆けつけ死体を発見する。しかし、既に所有者がガワタに変わっているので、ガワタの家に駆けつけたとするパターンが生まれた。そう考えるとこの話、公にすることが憚られる水をめぐる歴史的事実が隠されているのではないかと思えてくる。

デンダは負けそうになり、力まかせにガワタの頭を叩き頭の皿を割った。が、そう簡単に素手で割れるものだろうか。皿が割れると水がなくなりガワタは生きていけなくなる。彦根城博物館所蔵の「河太郎図」の頭の皿のことを考えるとデンダが割ったというガワタの皿は、実際は蓋がズレただけではなかったのか。それゆえ、ガワタはその夜に報復が可能だったのである。

「トッコ」は竜神だった

『伊吹町史』に「戸谷の洞窟は町内ではトタニと呼んでいますが、美濃春日村ではトッタニと呼ばれます。トッタニがはるかに古い言葉であることはすぐ推測されます。更にトッタニはトッコタニであったとするときトッコはアイヌ語の毒蛇で竜神を意味します。タネ、タニは住い、ムラを表します。したがって神の居るところと解することが出来ましょう。伊吹の大神を大蛇と想定するとき、日本書紀のヤマトタケル登山のときの大蛇はすなおに理解することが出来ましょう」。

トッコとは「竜神」のことだったのだ。ならば「ガワタにトッコを抜かれてはたまらん」は、「ガワタに竜神を盗られてはたまらん」と読みかえることができる。「デンダイド」に住む「デンダ」は「トッコ」沼の神である。「ナカエリ」も支配していたのだろう。一旦は相撲で勝ったが、ガワタの夜襲にあい神が交代したという話になる。下八木の人々は新たな神を気に入らなかったのだろう。だからガワタとして語り継いだのかもしれない。

思子淵《しこぶち》さんと河童

高島市朽木《くつき》小川《こがわ》に重要文化財「思子淵神社」がある。安曇川流域は古代から朝廷や寺社が造営・修理用材を確保するための山林、「杣《そま》」が広がっていた。伐りだした材木は筏《いかだ》で運搬する。思子淵は、筏師を川の魔物から守ってくれる神で、流域には思子淵神を祀る民間信仰が残っている。「志子淵」「志古渕」など表記は異なるが今も15社が存在する。朽木には「しこぶっつあん」と親しみを込めて呼ばれる筏師の話が伝わっている。

筏師のしこぶっつぁんが息子を筏に乗せて川を下っていると、ガワタロウが現れて息子を川底に引き入れようとした。しこぶっつあんがガワタロウを懲らしめると、「命だけは助けてくれ。これからは、菅のミノ笠をつけ、蒲のハバキをはき、コブシの竿を持った筏師には、決して手を出さないことを約束する」と言ったので、許してやった。その後ガワタロウは約束を守り、しこぶっつあんは「筏流しの神」として祀られた。

興味深いのは、ガワタロウが筏師を識別する目印を具体的に示しているところである。ガワタロウは思子淵さんと対立した勢力（権力）ではなかったのか。人質となった息子の奪還に成功したしこぶっつぁんは、安曇川流域の筏師の守り神となったのだ。

そして、思子淵さんには後日談があった。

「延暦寺東塔無動寺をひらいた相応和尚は、密教の修行者を守護する不動明王を篤く信仰し、貞観元年（８５９）にその姿を尋ね安曇川の源流に分け入った。やがて、シコブチ（思子淵）という土地の神のお告げを得て、深い谷のとうとうたる瀑布のうちに、火焔を帯びた現身の不動明王をみる。シコブチ神よりこの地を譲り受けた和尚は明王を祀る小堂をつくった」（『湖の国の中世史』高橋昌明著）とある。

英雄と妖怪

歌詰橋の将門の首

鈴鹿の悪鬼　大嶽丸

北向岩屋十一面観音

坂上《さかのうえの》田村麻呂《たむらまろ》（758～811）は、桓武天皇（第50代）に重用され数多くの伝説を残した人物だ。世界遺産「古都京都の文化財」の構成資産のひとつである清水寺は、田村麻呂が十一面千手観世音菩薩を本尊として寺院を建立し、音羽の瀧の清らかさにちなんで名付けたといわれている。東近江市猪子町の「北向岩屋十一面観音」は、猪子山山頂（標高268メートル）の烏帽子岩窟の奥に祀られている。像高55センチの石像である。奈良時代に安置されたものといわれ、平安時代に田村麻呂が東国平定のためにこの岩窟にこもり、観音に祈願したと伝わっている。また、田村麻呂が鈴鹿の悪鬼大嶽丸《おおたけまる》討伐の

大嶽丸の首塚（善勝寺）

際、岩窟内に十一面観世音菩薩の石像を安置して折願したという説もある。

厄除で有名な甲賀市土山町の田村神社の主祭神は、坂上田村麻呂だ。社伝によると「鈴鹿峠に悪鬼が出没して旅人を悩ませており、嵯峨天皇（第52代）は田村麻呂に勅命を出してこれを平定させた」とある。田村麻呂が悪鬼を討伐した後、「今や悪鬼も平定された。これより後は、この矢の功徳を以て万民の災いを除くこととする。この矢の落ちた地に私を祀りなさい」と矢を放ち、矢が落ちた場所に本殿を建てたといわれている。

『日本妖怪異聞録』（小松和彦著）に、中世の都人にとって三大妖怪は酒呑童子、玉藻前、大嶽丸と記されている。酒呑童子、大嶽丸は淡海の妖怪である。

能『田村』では、神通力を操る鈴鹿山の鬼神として登場する。黒雲に隠れ、暴風をおこし、雷電を呼び、火の雨を降らす。これらの能力は「たたら製鉄」を想起させる。大嶽丸の伝承は酒呑童子と同じく、中央から派遣された英雄が製鉄（あるいは精錬）の技術を有する一族を討つ隠された歴史物語ではなかったのか。

ところで、大嶽丸の首塚だと伝わる大岩が善勝寺（東近江市佐野町）にある。坂上田村麻呂が討ち取った首だという。首を埋め、方形の大岩をのせ封印したようだ。しかし、大嶽丸は東北で復活を果たすのだが……、これはまた別の話である。

大百足

「淡海にはどんな妖怪がいる？」と問われ、一番に思い浮かべるのは「三上山の大百足《おおむかで》」かもしれない。三上山（野洲市）は、別名「近江富士」と呼ばれる美しい稜線の山だ。平安時代、この山を8巻半する大百足が棲み、野山の生き物、湖の魚を食い荒らしていた。退治したのは、「打物（刀剣・槍などの打ち鍛えて作った武器）を取っても、弓を引くにも、肩を並ぶべき輩もなし」といわれた藤原秀郷《ひでさと》である。

承平年間（931～938年）、秀郷は勢多（瀬田）の唐橋で琵琶湖の龍神に武勇を見込まれ、「三上山に巣くう大百足を退治して欲しい」と頼まれた。早速、弓と3本の矢を持ち、勢多の浜から三上山を眺み、待ち構えると辺りが一変した。比良の高嶺の方より松明2、3千余り、三上山の方から響く百、千万の雷電は、山を動かすほどだった。そしていよいよ大百足が姿を現した。眉間の真中を狙い矢を射るが、2本とも鉄のように硬い身体にはじき返されてしまった。秀郷は最後の矢をつがえる前に矢先を口に含み唾をつけ、渾身の力で射ると、矢は眉間に深く刺さり大百足は息絶えた。

秀郷はその功により竜神から、裁てども裁てども尽きない「巻絹」（反物）二つ・取り出しても取り出しても米が尽きない「首結ふたる俵」・思うままの食物がわき出る「赤銅の鍋」などを賜った。さらに後日、龍宮に招かれ、金作りの剣・黄金札《こがねざね》の鎧・赤銅の釣鐘を授かる。この釣鐘は三井寺（大津市）に寄進され初代の梵鐘となった。藤原秀郷は、尽きることのない俵から「俵藤太」とも呼ばれるようになったという。「三上山の大百足退治」伝承の地として、龍宮秀郷社、雲住寺（いずれも大津市）などがある。

面白いのは、龍宮は海にあるとされるものだが琵琶湖に存在し、今まで誰もこの不思議に言及してこなかったこと、そして矢に唾をつけると威力が増すところだ。『日本妖怪大全』（水木しげる著）には「妖怪はだいたい人間の唾に弱い、中国の古書にもそう書かれてある」と記されている。古来より、狐狸に化かされないよう眉に唾をつけるという俗信があり、真偽の疑わしいものを「眉唾物」という。また、速玉之男神《はやたまのおのかみ》は『日本書紀』に登場する唾の神である。イザナギが黄泉国を訪れ、イザナミと離縁するとき、はいた唾から生まれた神である。唾には、約束、決心に関わる霊力が宿っているに違いない。琵琶湖の龍宮は本当にあるのだろう。

ところで、三上山の麓にある「御上神社」（野洲市三上）の主祭神は天之御影命《あめのみかげのかみ》である。「天之御影神を『日本書紀』などに登場する天目一箇神と同神とする見解もある。天目一箇神は鍛冶神で、『古語拾遺』の日神の石窟幽居の段には、刀や斧とともに鉄鐸を作ったとあり、これと三上山周辺の遺跡で弥生時代の銅鐸が多数出土していることとを関連付ける見方もある」（國學院大學「神名データベース」）。「小白丸と目検枷」のところで、「瀬田川流域の製鉄遺跡の付近には、やはり和邇氏ゆかりの地名である古市や羽栗などの地名がみられる」と書いておいたが、大百足との戦いは青銅器vs鉄器、あるいは鉄器vs鉄器の物語ではなかったのか。

蒲生氏郷（1556〜1595）は、近江日野出身の戦国武将である。祖父は蒲生定秀、父は蒲生賢秀、近江守護佐々木六角氏の重臣だった。14歳の時に元服と初陣。27歳で家督を相続し日野の領主、29歳で伊勢松ヶ島城主、35歳で会津の黒川城主となった。蒲生家は藤原秀郷（俵藤太）の末裔である（南北朝時代以前の先祖は確実な史料がなく、実態は不明）。『太平記』には、龍神が秀郷に、太刀・巻絹・鎧・俵・鐘の五品を与えたとある。『氏郷記』には鍋を「早小鍋」としている。この鍋が蒲生家に伝わるという。

ガオーさん

八日市（現東近江市）の「ガオさん」は、今もリアルに活躍している鬼の妖怪だ。淡海で最もアクティブなのではないだろうか。ガオさんの好物は「悪い子の魂」で、悪い子を見つけると捕まえて食べてしまう。しかし、いい子は護ってくれる。見た目は怖いが心優しい妖怪でもある。

昔は子どもの躾や戒めに親たちが「悪い子は、ガオーさんに食べられるよ」「ガオーが来るぞ」と脅かしたそうである。

六地蔵の真ん中がガオーさん石

湖東町（現東近江市）池庄の墓地にある六地蔵の真ん中に「ガオーさん」と呼ばれる石がある。六地蔵より少し背が低くずんぐりとして、特別感がある。

『湖東町の伝承と伝説』に「ガオーさん石」についての記述がある。高さ75センチ、幅40センチの大きさであり、何やら文字が刻まれている。しかし、長年の風雨により判読できない状態になっている。滋賀県では、妖怪の総称を幼児語で〈ガオー〉と呼ぶ。単に〈ガオー〉と吠える威嚇の声を、妖怪・お化けの総称にあてたものであるという説と、〈蒙古来襲〉の恐怖心が〈もうこ→がもう→がおう〉と変化していったものであるという。

『能登川のむかし話』には「蒲生《がおう》がくるぞ！」

という説がある。

信長が湖東の地を通り上洛するとき領主である佐々木氏（六角氏）に通行を願い出たが、重臣会議の結果、佐々木氏は許可を出さなかった。ただ、種村氏だけが「通行させてもよい」と主張したため、主君佐々木氏の怒りを買い、佐々木氏の命を受けた蒲生氏郷に攻められそうになった。このとき「蒲生はこわい、蒲生が来るぞ！」と人々は恐れ、領民や領地が戦禍に合うのをみるに忍びなく、種村氏は佐々木氏にわびを入れたという。

この後、佐々木氏は信長に本拠観音寺城を攻められることになる。ちなみに、種村氏の居城があったのは旧能登川町種（現東近江市種町）、池庄とも近い。

そしてむかし話には、親たちが子どもの躾や戒めに「蒲生はこわい、蒲生が来るぞ！」というようになり、「がもう」がいつか「がおう」に変わったという。

なお、淡海文庫『蒲生氏郷伝説』（サンライズ出版）の二章に「ガモジが来た」の語源について書かれている。

将軍塚（山塚古墳）

平将門の首

豊郷町高野瀬に館を構え、宇曽川流域の広い地域を支配した高野瀬氏は佐々木氏の末裔、または藤原秀郷の末裔とされている。東山道（中山道）の豊郷町と愛荘町の境に架る歌詰橋はかつて土橋で、「平将門の首」の伝承が今も残っている。

ここでも、藤原秀郷が登場する。

平将門は平安中期の武将で、下総北部（茨城県西部）を地盤とした最強の豪族だった。天慶3年（940）、将門は新皇を自称し京都の朝廷から独立した国家を作ろうと挙兵するが、藤原秀郷に討たれる（平将門の乱）。秀郷が京に凱旋するため東山道（後の中山道）を進んでいると日を開いた将門の首が追いかけてきて、宇曽川の辺りで秀郷に勝負を挑んできた。秀郷は首だけになった将門に和歌の勝負（歌合戦）を提案すると、将門の首はこれに応えられず力尽きた。以来、将門の首が歌に詰まったことから、この橋を「歌詰橋」と呼ぶようになった。近くに秀郷は将門の首を葬り、将門塚（山塚古墳）と呼ばれている。

『日本の首塚』（遠藤秀男著）には滋賀県愛知《えち》郡千枝村「将門首塚」として「空をとんできた首が落下したので祀ってやった。ところが後で塚からぬけ出して宇留川を流れ、里人にひろわれて平流山上に葬られた」と記されている。彦根市の中西部に位置する荒神山は古くは平流山《へるやま》と呼ばれていた。琵琶湖と荒神山に挟まれた曽根沼一帯に、東大寺領覇流村《へるむら》（東大寺の近江国の荘園）があったことに由来する。奈良時代、東大寺の高僧行基が平流山に霊験を感じ、竈《かまど》の神「三宝荒神」を勧請し堂宇を建てた。以来、荒神山と呼ばれるようになった。

「平流」とは、「平」将門の首が「流」れ着いた場所だという言い伝えもあるが、この話は時代が合わず後の世の創作であることがわかる。

何故、唐突にこの地に平将門の伝承があるのか……。鎌倉時代より徐々に勢力を伸ばしながらこの辺りを治めていたのは高野瀬氏である。領地にご先祖の英雄譚を語り継ぐために将門の首を持ち出したに違いない。

水犀

「犀」はウマ目サイ科の哺乳類の総称だが、妖怪の「犀獣」は平安後期から鎌倉前期にかけて制作された絵巻「鳥獣人物戯画」や「北斎漫画」に描かれている。「水犀(すいさい・みずさい)」という名を持つ架空の生き物である。フォルムはサイに似ているが、馬や牛のような身体で背中には亀の甲羅があり額に角を持っている。「鳥獣人物戯画」では波間に描かれ明らかに水棲の生き物であることがわかる。

「鱠餌源四郎貞平」は日本で唯一、水犀と戦った人物かもしれない。

平安時代、醍醐天皇が竹生島に参詣するため薩摩浦の辺りまで来られたとき、俄かに暴風が襲い航行が危うくなった。船頭は「日頃この付近に悪獣あり、名をサイといい、御船を犯さんとするので、餌を与えるか退治するかせられたい」と奏した。天皇は庶民のために退治することを決心し、鱠餌源四郎貞平を召して名剣「篁重国《たかむらしげくに》」を与えサイ退治を命じた。

貞平は御剣を脇にはさみ、腰に縄をまとい水中に入った。戦いは数刻に及んだが勝敗決せず、一旦引きあげて後、第二戦で遂にサイに縄をかけて浮上した。これにより、貞平は天皇より「鯰江犀之助」の名を賜わり、鯰餌姓を鯰江と改めた。貞平の武名は遠方まで響いたという。

後に貞平は仏門に入り、天照皇太神、春日大明神、八幡大菩薩の御託宣を受け、社を建てたのが春日神社（東近江市妹町）のはじまりである。貞平は76歳で他界し、朝廷はいたく哀惜しその功をたたえたという（『昔ばなし 愛東町』）。

春日神社の由緒（滋賀県神社庁）によれば「聖武天皇の御代鯰江源四郎貞実鯰江に封ぜられ、その孫貞平が平城天皇の勅命を承けて大同4年に春日大神を勧請して社殿を創建したと伝えられている。その後4村に分離することもあったが、鯰江忠夫本殿を再建し、大正3年現在地に移転した」とある。

サイを退治した貞平の英雄譚は、戦乱を生き抜き織田信長に最期まで抗した鯰江氏の始祖の物語であり、春日神社の始まりの物語だ。現在行われている春祭り（オコナイ）の神饌（干柿と勝栗を割り竹につきさしたもの）は、貞平の出陣を祝った儀式の名残りだ。搗栗《かちぐり》は勝ちに通じる縁起物として、柿は消化を遅くすると喜ばれた。祭りは曾根・妹・中戸・鯰江

春日神社の神饌

の4集落に、大神社講・弁水講・神部講・田楽講・星生講・新幣講の六つの宮座がある。鮎江には大神社講・田楽講の二つがある。鮎江だけ栗を逆さまに刺すのは、近江の守護職佐々木氏の最後の居城鯰江城が織田信長に攻略され落城したことに関係しているといわれている。

藤原秀郷と大百足、秀郷と平将門、、源頼光と酒呑童子、坂上田村麻呂と大嶽丸、倭建命と白い猪……。英雄は朝廷側の人物であり、退治される妖怪は権力に抗した神々や一族である。

鯰餌源四郎貞平も倭建命と同じように名剣「篁重国」を使わず、徒手で持久戦の末に捕縛している。「犀」も名のあるあがらう神（一族）だったのではないだろうか。

また別の話だが、犀は犬上川の金屋橋が吊り橋だった頃、淵に現れたという伝承も残っている（『こうらの民話』）。

璞《はく》蔵《ぞう》主《す》

甲良町尼子は、佐々木道誉（導誉）の孫・高久が屋敷を構え尼子姓を名乗ったところだ。その後、尼子氏は近江と出雲に分かれ、出雲に移った尼子氏は戦国時代に中国地方で一大勢力となった。歴史に興味を持ち探求しはじめたとき、佐々木道誉に魅せられる人は多い。足利尊氏のブレーンとして活躍した高師直《こうのもろなお》、土岐頼遠《ときよりとお》と並び、婆裟羅《ばさら》三傑のひとりとして名を馳せたのが道誉である。自由奔放な生き方をした人物で、茶道、華道、能楽、連歌など日本の文化を奥深く極め、能楽や狂言の保護と育成にも力をそそいだ文化人だった。闘茶や連歌にのめりこんでいたといわれている。装い、立ち振る舞いも派手で、婆裟羅の典型であった。

南近江の守護を担った佐々木六角と同じ「佐々木」姓だが、佐々木から分家して北近江の守護として君臨した京極氏の出であるため、「京極道誉」の方が馴染みがあるかもしれない。

また、「道誉」というのは31歳で剃髪して名乗った出家後の号だ。本来は「高氏《たかうじ》」といった。

寺の背後の山は勝楽寺城趾である。戦闘時にのみ使用された山城だ。ハイキングコースが整備され、往復2時間といったところだろうか。途中に、「狐塚」があり、璞蔵主《はくぞうす》の話が伝わる。

「昔、勝楽寺に璞蔵主という住職がいた。弟の金右衛門が狩りで動物を殺していることに心を痛めていた。住職は日々、弟に命の尊さを説いていたが、金右衛門はそれを聞き入れようとせず殺生を続けていた。ある日、璞蔵主が外出して山道にさしかかったとき、金右衛門は白狐と見誤り、璞蔵主は非業の最期を遂げる。そこで、金右衛門は初めて兄の殺生の戒めに気付いた」。

この話を元に狂言「釣狐《つりぎつね》」が生まれたといわれている。狂言界では、「猿に始まり狐に終わる」という言葉がある。これは『靭猿《うつぼざる》』で初舞台を踏んだ狂言師が、『釣狐』の狐役を演じて初めて一人前となるという意味だ。それほど、技術的にも精神的にも非常に高度な力が演者に要求される大曲なのである。

令和5年（2023）11月、勝楽寺では「バサラ大名 佐々木道誉公 没後650年記念事業」が行われ、昭和35年（1960）佐々木道誉600回忌の法要と同様に本堂で狂言『釣狐』を奉納している。

ところで、甲良町に隣接する多賀町敏満寺（古名：みまじ）は、世阿弥が「近江は、みまじの座、久しき座也」といったように、近江猿楽発祥の地と考えられている。猿楽は平安時代に生まれ狂言へと発展し、能楽は観阿弥・世阿弥父子により大成されていく。みまじ座は多賀社に奉仕した猿楽者集団である。勝楽寺、佐々木道誉、敏満寺、世阿弥、知る術はないが歴史の邂逅があったに違いない。

余談だが、「狐釣り」とは狐に罠をかける猟のことであり、狂言『釣狐』は、古狐がハクゾウスという僧に化け、狐釣りをやめさせようとする話である。また、ハクゾウスは妖怪の名でもある。白狐が法師に化けること、あるいは法師が狐のような行いをすることを「ハクゾウス」という。

入道・坊主

二丈坊

二丈坊

二丈坊《にじょうぼう》は、多賀町から永源寺にかけて出没する身の二丈（約6メートル）のお坊さまの姿をした妖怪だ。天狗は太郎坊や行尋坊のように「〜坊」という名を持っているが、二丈坊は天狗ではない。

犬上川最上流の集落多賀町萱原《かやはら》では親しみを込めて「ニジョボン」と呼ぶ。当地では「ガワソ」がニジョボンに化けると伝わっている。ガワソ（カワソ）は河童の別称だが、萱原ではカワウソをいう。川原から聞こえる奇妙な音・ぱらぱら空から降ってくる砂・つむじ風・突然の荒天など、不思議な現象や暮らしに厄《わざわい》をもたらす自然現象は全て、ニジョボンが引き起こす。子どもが悪さをすると「そんなことをしていると、ニジョボンが来よるほん」と叱った時代があったという。

下流の敏満寺では狐が二丈坊に化ける。妖怪「ぬりかべ」のように行く手を阻む。狐が化けているのだから二丈坊の足元を何かで払えばいなくなると、対抗策も伝わっている。

妖怪の威をかり、近所の子を我が子のように叱ることができた時代があった。現代、妖怪はコミュニケーションをスムーズにするらしい。八日市の「ガオさん」と同じように、地域で子どもたちを見守るコミュニティの復活を願う人々の熱い視線を妖怪たちは感じているに違いない。忘れられ、萱原の妖怪としてニジョボンが蘇ったのは平成12年（2000）。桜の一木に彫られたニジョボンがバス停に立っている。二丈坊のために書いておくが、子どもを脅し怖がらせた伝承はない。まして、連れ去ったこともない。東近江市永源寺辺りにも二丈坊は出没する。「そんなことをしていると、山を越えて二丈坊がやってくる」と子どもを叱る。「山を越えて」というから、多賀と永源寺は鈴鹿の山を介して同じ文化をもっていたと考えられる。

怪牛と隻眼の童子

怪牛は東近江市永源寺ダムの湖底に沈んだ集落のひとつ「佐目村」に現れた妖怪だ。顔は牛、足は馬、尾の先に剣があり、総身は金針で覆われていたという。攻撃力、防御力とも完璧で剣のアイテムも実装し、恐ろしく怪しい……。

現在、佐目町は国道421号（八風街道）永源寺ダムのトンネルを越えたところにある。2016年には「佐目子谷橋」が新たに整備された。氏神は若宮八幡神社で「御金（鐘）

明神」が祀られている。ご祭神は金山姫命。鉱山の神、鋳物や刃物の神だ。

佐目子谷はかつて「かねの谷」といった御金明神の奥の院は、谷を遡り10キロほどのところに鎮座するという（雨乞の信仰と密接な関係がある）。

かねの村が怪牛に襲われたとき、村を救ったのが左目隻眼で鰐口の童子だった。童子は川原の石に口から炎を吹きかけ、怪牛に投げつけると鉄火となって雨あられと降りかかり牛は次第に弱り高山の原にひれふし頭を垂れて死んでしまった。以来、「かねの谷」を左目の童子にちなみ、「佐目子谷」と呼んだ。そして「かねの村」は「佐目の村」となったという（『民族文化』滋賀民俗学会1964）。

「一つ目小僧」は、製鉄、鍛冶に関係する場所に現れるといわれている。天目一箇神は隻眼の鍛冶の神様だ。佐目子は天目一箇神のような存在だろう。童子の戦いの様子は精錬や

製鉄のイメージだ。

多賀町佐目の歴史を研究する澤田順子さんは、「古代、佐目氏は元々多賀の〈佐目〉という所領を与えられ、村の名から〈佐目氏〉となり、後に永源寺の〈金の村〉を治める事になり、村の名を自身の〈佐目〉という名に変えたという事なのだろう。左に一眼有りて鰐口の童子の伝承は、元は多賀の佐目の伝承だったのではないか」と考察している。おそらく「英雄と妖怪」で記したように、武将に妖怪退治の英雄譚があるように佐目氏にも左目隻眼で鰐口の童子の加護が必要だったのである。

ちなみに近江源氏佐々木家の家紋四ツ目紋も、四ツ眼の怪物を退治した伝説によるものだ（『安土ふるさとの伝説と行事』安土町教育委員会編集）。

怪牛は二丈坊とともに多賀と永源寺の繋がりを教えてくれる。

油坊主

金剛輪寺（愛荘町）の本堂「大悲閣」は「弘安一一年（一二八八）一月建立」の銘が須弥壇にあり鎌倉時代の代表的な和様建造物として国宝に指定されている。１９６４年東京オリ

ンピックが開催されたとき、文部省は世界に誇る日本の建物として「大悲閣」の模型（スケール1／10）を製作し、東京国立博物館に展示した。金剛輪寺は、国宝・重文の宝庫である。三重塔・二天門・木造阿弥陀如来坐像（二躯）・木造十一面観音立像・木造不動明王立像・木造毘沙門天立像・大黒天半跏像、銅磬など、多くの重要文化財を有している。また、頭上に冠を戴き、甲冑《かっちゅう》を着けた忿怒《ふんぬ》の相の木造大黒天半跏像（金運の神）は平安時代の作で、日本最古のものである。

金剛輪寺参道　油坊主の苦行を追体験できる

金剛輪寺の七不思議のひとつに「油坊主」の話がある。昔、この寺に若い坊さんがおり、本坊から本堂まで長い石段を登って、朝事、夕座のおつとめをしていた。朝事の前に、本堂の灯明をつけに行くことは辛い修行であった。冬、種油を壺から油さしに移し、雪の積もった石段を登るのは苦行であったに違いない。若い坊さんは、毎日毎日、油を本堂へ運んでいるだけで面白くない。ある日、本堂のたいせつな灯明油をくすねて商人に売り、できたわずかな金を持ち、町へ遊びに行った。その後、ふとしたことから原因不明の病気になり、苦しみ、もだえ死んでしまった。その後、毎夜毎夜、金剛輪寺の総門あたりで「油かえそう。油かえそう。わずかのことに、わずかのことに……」という悲痛な声が聞こえ、観音堂までの坂道を、ひょろひょろ歩いて行く黒い影法師が現れるようになった。その手には油をもっているのだという（『近江むかし話』「金剛輪寺の七不思議」）。

油坊《あぶらぼう》という妖怪はよく知られている。「滋賀県野洲郡欲賀村（守山市欲賀《ほしか》町）でいう怪火。晩春から夏にかけての夜に現れるという。火炎中に多くの僧形が見えるのでこの名前がある。比叡山の灯油料を盗んだ僧の亡魂が化したものという。また、比叡山の西麓に夏の世に飛ぶ怪火も油坊という」（『日本妖怪大事典』）。油坊は怪火だが、油壺を手に持つ黒い影法師というのは、金剛輪寺にだけ出没する。

密僧坊

密僧坊も金剛輪寺の七不思議のひとつである。

厳しい修行をしていた若いお坊さんがいた。味噌が大好きで、修行を抜け出しては村人から味噌をもらっていた。力自慢でひと嘗め十人力といわれ、味噌を嘗めるとますます力持ちになった。味噌の代わりに村での力仕事を一手に引き受け村人に喜ばれていたが、だんだん傲慢になっていった。村人はこれ以上力がつけばどんな目に合わされるかと味噌を隠し密僧坊を避けるようになった。密僧坊は不愉快だった。

ある時、初孫を産んだ娘の婚家へ持っていくという祝いの餅をたいらげ、喉が渇いたので谷川で水を飲もうとした密僧坊は滝壺で足を滑らせそのまま溺れ死んだ。それからというもの、村人が山に入ると滝壺から大蛇が現れ飲み込んでしまうようになった。それを聞いた金剛輪寺の住職光蓮法印が滝壺のほとりで観世音菩薩の称名を唱え、密僧坊の霊を慰めると、大蛇は現れなくなった。それからは、不思議なことに旱天に観世音菩薩を祈ると雨が降るようになったという(『近江むかし話』「金剛輪寺の七不思議」)。日照りが続いた時には、味噌を供えてお祈りすると雨が降るようになったという。

密僧坊が大蛇に変じた滝は金剛輪寺の伝承では「観世菩薩の滝」という。宇曽川ダムの上流「山比古湧水」を更に遡ったところにある。湧水は「山比古地蔵尊」にあやかり名づけられた名水で山姥(やまんば・やまうば)の出没地でもある。

昔、信心深い老夫婦がこの湧水を山比古地蔵にお供えしたところ、息子にとても気立てのよいお嫁さんを迎えることができた。その息子がこの湧水をお供えすると、喜んだお地蔵様は、「この付近に住み着いて、村に下りてきては子供をさらい村人を苦しめている山

観世菩薩の滝

姥を退治してほしい」という若者の願いを叶えてくださった。村には平和が訪れ、若者はかわいい子どもを授かり幸せに暮らしたという。ちなみに、山姥は子どもの命をうばう疱瘡の流行を物語っているという説もある。
「山姥」は山中の妖婆である。人を襲い、子どもを好んで食べる。背は高く、眼光鋭く、長い髪、透き通るほどの白い肌、口は耳まで裂けている。朽木村には、綺麗に結った髪をほどくと、ひとつ大きな口がある山姥がいたという。
　湧水近くの遊歩道には、「山姥の岩めぐり」「山姥の足跡」と記された石碑が建てられている。山姥の足跡がどのようなものなのかを忘れてしまった世の中では、もう誰も見つけることができない。

山比古湧水の更に上流200メートルほどのところに「阿弥陀如来の滝」があり、その上流に「史跡明治砂防」「観世菩薩の滝」と続く。

宇曽川ダムに向かう麓の三差路に「カラトの淵」とカタカナで書かれた道標がある。阿弥陀如来の滝にある淵のことで「唐戸の淵」と漢字で書くらしい。「唐戸」は古くは神社や寺院などの出入り口に使われた木製の開き戸のことである。上流に神仏の姿を見たのだろうか。

中国から伝来した4本または6本の脚がついた蓋つきの箱のことを「唐櫃《からと》」という。「カラト」とも読むことができる。そういえば「唐人」「唐渡」も「カラト」だ。そして「米びつ」は「米櫃」と書く。

山比古湧水の源流である秦川山一帯は「細民の米びつ」と呼ばれ、地元の人々の中にはここで薪などを採り、一家の生計を支える人が多かった。その結果、山は痩せ水は枯れ、山が著しく荒れたそうだ。2〜3日の雨でも水害がでて、豪雨時の堤防決壊などの被害も多かったという（湖東土木事務所情報紙／2010年7月）。

大蛇は水と深い関係をもつ妖怪である。密僧坊は大蛇となり昇天し龍となり味噌を供えるだけで雨を呼ぶ。雨乞いの人身御供をしなくてもよくなったという話なのかもしれない。山姥の結界を生み秦川山一帯を神聖な領域とし、できる限り山を守ろうとしたのではないだろうか。カラトの謎を解く鍵は「金剛輪寺の住職光蓮法印」にありそうだ。

赤入道

明治時代に12の怪奇譚を収録したといわれる『ばけもの絵巻』のなかに、赤入道の話がある。

「近江のくに、武佐の駅せき寺の藪より、赤入道といへるばけもの出るよし沙汰して、夜に入りて人通りもなかりしを、これをあらがひ(抗い)て、無き事なりといふ男あり。此男、寺に行て留主を守る事あり。ひとりこたつにあたり居けるに、空中に声していふは、汝赤入道をなき事とおもへり、あるやなきやを今日に見せんと、こたつの中より、赤入道おどり出たりとぞあらがひのせぬ事なり」(『妖怪百物語絵巻』湯本豪一編著)。

広辞苑で「入道」を調べると三つ目の語彙として「坊主頭の妖怪」とある。赤入道とは赤い坊主頭の妖怪である。炬燵《こたつ》の中から現れる赤入道はかなり怖ろしい。

武佐というのは、近江国蒲生郡（現在は近江八幡市）にあった中山道の宿場で、愛知川宿と守山宿の間に位置する。現代では近江鉄道八日市線の駅名となっている。

炬燵の歴史は室町時代にまで遡る。囲炉裏の上に簀《す》の子《こ》を敷いて短い脚をつけた台を置き、衣服や布団をかぶせたものだったという。赤入道は「火の用心」の妖怪かもしれない。最近は炬燵のない家も多い。炬燵を知らない子どもたちもいるのではないだろうか。近未来、住宅の性能が向上し炬燵の必要がなくなれば、確実に絶滅する淡海の妖怪である。

青坊主

2001年に発売された食玩（おもちゃ付のお菓子）「妖怪根付」は、24種の妖怪フィギュアのコレクションだった（シークレットは閻魔大王）。「青坊主（比叡山）」と「鉄鼠（三井寺）」の淡海の妖怪がラインナップされている。妖怪解説は『百鬼解読』の著者・多田克己氏が担当している。

青坊主の解説には「一つ目の妖怪で、寺の坊主姿をしている。妖怪画家の鳥山石燕に〝青坊主〟と名付けられるが、本来は〝目一つ坊〟と呼ばれる。今から千年ほど昔、京都の東にある比叡山の延暦寺という大寺に、慈忍和尚といういうえらいお坊さんがいたが、弟子がなまけ者だったので、死んでからは一つ目の妖怪になり、修行をなまけている弟子がいると、鉦《かね》を『カンカン』と叩き、そのぶきみな一つ目でにらみつけたといわれる」と記されている。

慈忍和尚は、第18世天台座主慈恵《じえ》大師（元三《がんざん》大師良源）の高弟である。座主は天台宗の最高責任者のこと。慈恵大師の死後、座主となってからも修行に明け暮れ、戒律を厳しく守り、多くの僧の範となった。比叡山の格式を守るために死して妖怪に変化するほど凄まじい念をもっていたのだ。修行道場「総持坊」の玄関に、僧衣を纏い、単眼、一本足、左手に鉦を右手に杖を携えた「目一つ坊」の絵がかかっている。慈忍和尚の護法の姿だという。

令和元年（2019）「ゲゲゲの鬼太郎と比叡山の七不思議展」が、比叡山延暦寺大書院で行われた。七不思議は、東塔エリアの「幽霊の鉦」「茄子婆ァさん」「霧舟」「美人の水ゴリ」、西塔エリアの「一文字狸」、横川エリアの「掌に乗った大蛇」「六道おどり」の伝承をいう（七不思議の名称は『近江むかし話』による）。「幽霊の証」は目一つ坊、即ち、青坊主だ。

鉄鼠は、平安時代後期の三井寺の高僧頼豪《らいごう》阿闍梨《あじゃり》が、石の体と鉄の牙を持つ8万4千匹

食玩フィギュア　青坊主と鉄鼠

の大鼠に化生した怨霊である。頼豪は白河院から「望みは思いのまま」という約束を得て、皇子誕生の祈祷をし続け、見事に教文親王《あつふみしんのう》の誕生をみた。頼豪は三井寺の戒壇建立の願いを申し出たが、延暦寺の横槍で約束は果たされなかった。そのことを怨み頼豪は憤死し、鉄鼠に化生したのである。鉄鼠は比叡山を駆けのぼり、延暦寺の仏像や経典を食い破った。延暦寺は、日吉大社の東本宮前に「鼠の秀倉《ほくら》」を築き怨念を鎮めたという。また、三井寺境内の十八明神は「ねずみの宮」とも呼ばれ、延暦寺を向いて建っている。頼豪の霊を祀っているのだ。

「茄子婆ァさん」は比叡山の焼き討ちに関係し、「靄舟」は湖から亡者を乗せた舟が、急坂を駆け上がる。実に淡海らしい妖怪なのである。

角大師

令和2年（2020）、新型コロナウイルス感染症が拡大するなか、アマビエばかりではなく淡海では慈恵大師が注目を集めていた。戸口に貼った「角大師」の護符を見たことがある人もいるだろう。角大師は良源が鬼に変化した姿である。

「慈恵」は朝廷から賜った諡号《しごう》。正月三日に入寂されたので、元三大師とも呼ばれるようになった。天皇家や摂関家の篤い帰依を受け、比叡山の経済的基盤の確立や、荒廃した堂塔の再建、学問の振興と法儀の復興を図り、延暦寺中興の祖と崇められている。日本の「おみくじ」の創始者でもある。

平安時代、全国で疫病が流行した永観2年（984）、良源は人々が苦しんでいる姿を憂い、一刻も早く救いたいと、鏡の前で禅定《ぜんじょう》に入った。すると鏡に骨ばかりの鬼の姿が映った。角大師の姿である。良源はその姿を弟子に写し取らせ、版木に彫って刷り、疫病退散の護符として配布した。戸口に貼ると、疫病神は恐れをなし寄り付かず、病気に罹った人々も全快し、疫病も消え失せたという。以来、角大師の護符は疫病はもとより厄災をも除くと信仰を集めるようになった。

良源は、近江国浅井郡の三河（現長浜市三川町）の生まれで、幼名を観音丸（日吉丸とも）という。12歳で比叡山に登り修行し、17歳のとき出家得度して良源を名乗った。55歳の時に天台座主となり74歳で没する。「栄光山玉泉寺」（長浜市三川町）は良源が天台座主となった後（平安時代後期）、生誕地に母への孝養として建立した寺である。盛時には三塔・五大寺・四十八院・七十坊を誇ったが、天正元年（1573）織田信長の浅井攻めの際に全山を焼失。その後、元三大師の再来といわれた慈眼大師天海大僧正の庇護のもと、「大師堂玉泉寺」として再建がなされた。

彦根藩井伊家10代直幸《なおひで》は、安永年間（1772～1781）、七間四面の重層入母屋造として大師堂（現本堂）の大改修を行っている。本尊の「木像慈恵大師坐像」（秘仏）は、鎌倉時代の作とされ、国の重要文化財に指定されている。地元では、母の看病のため里帰りをしていた良源が、比叡山へ戻る自分の身代りに自ら刻んだものと伝えている。

玉泉寺の吉田慈敬住職は、新型コロナウイルスの感染が広がるなか、「疫神病除」と記した珍しい護符を復刻した。護符には、疫神を退散させるため、夜叉神になった大師の姿と、「疫神病除」の文字と軍荼利《ぐんだり》明王の種子《しゅじ》（仏教の諸尊を梵字一文字で表したもの）「ウン」が刷られている。角大師の姿は、寺ごとに独自の版木があるが、「疫神病除」と「種子」

が記されているのは、延暦寺大林院の護符だけ。今出川行雲大僧正から吉田慈敬住職が譲り受け、復刻が実現した。軍荼利明王は、さまざまな障害を除くとされ種子「ウン」と角大師の霊威が合わさり最強の護符となっている。

最強の護符「角大師」

怪火

狐火

「狐火」は『日本妖怪大事典』（村上健司編著）に「沖縄を除く各地でいう怪火。狐の吐く息が光るとか、尾を打ち合わせて火を起こす、光る玉を持っているなど、さまざまにいわれる。狐火が行列して現れるものは、狐の嫁入りなどという」と記されている。

永源寺町高野（現東近江市永源寺高野町）のボランティアグループ「善の会」で聞き取りをしたことがある。子どもの頃に狐火をよく見ることがあったというから昭和初期から、戦後にかけての話である。

親指と人差し指を丸めてできる輪より小さな火で、提灯や松明とは異なり周囲は明るくはならない。「狐火には後光はささない」という。そして、無数に連なって現れ、左右に揺れる状態を狐の嫁入りという。「よう出よったなぁ」「ほやなぁ」と狐火は騒ぐほどのことではなかったようである。

また、高野には蛍狩りをするときに怪火が現れた。怪火の名前はない。飛んでいる1匹の蛍を蛍箒《ほたるぼうき》でパーンと叩くと突然、光が集まり大きくなって追いかけてくるというのだ。「あんたとこのお兄ちゃんが追いかけられはったやんなー」と実話なのである。

ところで、「人魂」は夜間に空中を浮遊する青白い火の玉。古来、死人のからだから離れた魂といわれる(広辞苑第六版)。永源寺では「自分の履き物を脱いで頭に被せて人魂を見ると、誰なのかわかる」という。『伊吹町史』にも「ひとだまは下駄の歯を合せてその間から見ると顔がわかる(わら草履をかざす、袖の下からのぞくなどもある)」と記されている。「人魂」はいまだに肝試しにも登場し、恐怖へ誘う必須のビジュアルとなっているが、ひと昔前までは恐ろしいものではなかったのかもしれない。人の死はもっと身近なもので、誰の人魂なのかを知る方法を生み出したのだろう。

ちなみに、「股のぞき」や「袖のぞき」は異界を見る方法としても有効である。妖怪を見るためには、空間を何かで仕切るということが必須なのである。

蜘蛛ノ火

「蜘蛛火」は、「奈良県磯城郡纒向村(桜井市)でいう怪火。数百の蜘蛛が一塊《ひとかたまり》の火となって虚空を飛行するもので、これにあたると死んでしまうという。岡山県倉敷市玉島八島には蜘蛛の火というものがある」(『日本妖怪大事典』村上健司編著)。

伊吹山（米原市）には「蜘蛛ノ火」の伝承がある。

2019年、伊吹山文化資料館（同市春照）で牧野富太郎に関する企画展があった。植物分類学の基礎を築き、日本の植物学の父と称される人物である。牧野は明治14年（1881）に初めて伊吹山を訪れ、その後もたびたび植物探査と採取を行っている。大窪昌章著『諸国採薬記』（国立国会図書館所蔵）も資料のひとつとして展示された。大窪は、尾張藩御薬園御用役を務める江戸時代後期の本草家である。精巧な線画の本草図を得意とし、『蜘蛛類図説』はシーボルトが帰国の際に持ち帰っている（朝日日本歴史人物事典）。『諸国採薬記』の天保2年（1831）「伊吹山採薬記」に「蜘蛛ノ火」の記述がある。

「夜伊吹山へ登ルト折節ル事アリ五六寸 廻リニ光ルモノ所所ニ見ユ近ヅケハ遠クトヒ去ト云フ。タイラグモ四方へ足ヲヨセタルクモノ多クアツマリ光リヲナスト云」

夜に伊吹山に登ると、ときどきタイラグモが集まって20センチくらいの光の球となって浮いているのがところどころに見え、近づけば離れていくというのだ。お伽噺のような美しい光景に思える。

永源寺の「飛んでいる一匹の蛍を蛍箒《ほたるぼうき》でパーンと叩くと突然、光が集まり大きくなって追いかけてくる」という怪火は、蜘蛛ノ火だったのかもしれない。

死んだ明智の幽霊の蜘蛛火

『日本の昔話と伝説』(『Ancient Tales and Folklore of Japan』)に登場する淡海の妖怪である。著者リチャード・ゴードン・スミスは、明治31年(1898)12月、長崎に到着し8年余りを日本で過ごしたイギリス人だ。大英博物館から正式の委嘱状を得て、日本政府の許可のもと博物館資料の収集を行い、そのかたわら日本の昔話や伝説を集めた。その数は250話にのぼり、『日本の昔話と伝説』にはその一部57話が収録されている。250話のうち淡海の伝説は74話(琵琶湖7、竹生島21、近江46)。収録された57話中には、「琵琶湖伝説(1)(2)(3)」「竹生島と鶴亀姉妹」「蛍の復讐」(近江の国明星村)、「牡丹の精」(近江の国蒲生郡)の6話がある。「死んだ明智の幽霊の蜘蛛火」(The Spider Fire of the Dead Akechi)は「琵琶湖伝説(1)」、スミスが膳所の漁師から聞いた話である。

雨模様の日などに「明智の幽霊」と呼ばれる人魂が現れる。

昔、明智光秀が比叡山の南の尾根の麓に城を築いた。豊臣の大軍が押し寄せ明智の城を完全に包囲したが、城を守っていた光秀は持ちこたえた。業を煮やした包囲軍は渚村の漁師に明智の城の水源を教えるように迫り、城への給水路を断った。降伏したときには、既に明智や部下の大半は死んでいた。以来、雨降りや荒れ模様のときには、城の方から五寸くらいの人魂が、漁師らに恨みを晴らしに出てくる。「死んだ明智の幽霊の蜘蛛火」は、舟を難破させ、航路を間違えさせたりする。舟のなかに入ろうとし、竹竿にぶつかり火の粉になって飛び散ることもある。こういう場合は、舟の多くは沈んでしまうという。「明智の城」は「坂本城」、「豊臣軍」は「羽柴軍」である。「渚村」は何処なのか特定できなかった。坂本城に近い浜辺の村であることは間違いない。明智光秀は山崎の戦い後、土民に殺害されたというのが定説だが、坂本城の籠城戦で不本意な死を遂げ「死んだ明智の幽霊の蜘蛛火」となったというのだ。火の粉になって飛び散るところは、本能寺の変の後に現れた青白い火の玉「亡霊子《ぼうこ》」(近江八幡市)や琵琶湖の「簑火」(彦根市)によく似ている。「死んだ明智の幽霊の蜘蛛火」は、蜘蛛ノ火とは異なりいくつかの妖怪が融合しているところが興味深い。

亡《ぼ》霊《う》子《こ》

2020年、NHK大河ドラマは明智光秀が主人公の『麒麟《きりん》がくる』だった。光秀は坂本や比叡山にゆかりのある戦国武将だ。多賀町では「明智十兵衛光秀多賀出身説」の研究が進んでいる。

「亡霊子」は本能寺の変の後、湖に現れた怪火である。

安土城の武将は城を離れ、足手まといになるおんな子どもばかりが取り残された。そこへ光秀軍が攻め込み、まるで狩りでもするかのように襲いかかった。地獄のようだったという。命からがら城から逃れ猪ヶ鼻に追い詰められた女たちは「捕らえられ生きて辱めを受けるよりは、皆で死にましょうぞ」と、足を縛り子どもを胸に抱き、湖に身をおどらせ、水底へ沈んでいった。

しばらくして猪ヶ鼻の沖で不思議な青白い火の玉が出るようになった。漁師たちは湖に沈んだ魂を憐れみ、「亡霊子」と名づけ成仏するように祈った。亡霊子は漁師を慕い顔や袖に纏わり付き、振り払うとこなごなにくだけ、散らばるのだという。驚いて舟から転げ落ち、溺れ死ぬ者もいた。漁師たちは何とかしようと、お坊様に供養してもらったが、亡霊子は成仏する様子はなかった。

あるとき、一人の漁師が「亡霊子をひとつつかまえて、竹筒に入れて蓋をすると、湖に散らばった亡霊子も全て消えてしまう」ことを見つけた。以来、安土辺りでは舟に使う竹竿は、節より2寸ほど残しておくようになった（『滋賀県の民話』１９８３年）。

興味深いのは「亡霊子をつかまえ竹筒に入れれば消える」ということを発見したことである。当時の人々にとって青白い火の玉は、逃げ惑うほど恐ろしいものでないことは、「亡霊子」という名をつけ成仏するよう祈ったことでもわかる。亡霊子には人恋しさに集まる懐っこさを感じるのだ。

蓑　火

「蓑火《みのび》」は、淡海の大藪村（現彦根市大藪町）辺りの湖岸に出没した怪火である。簑は茅《かや》、菅《すげ》、藁《わら》などを編んで作ったレインコートのようなものだ。16世紀、南蛮文化が渡来し、羅《ら》紗《しゃ》製の合羽《かっぱ》が伝えられたが、蓑は農山漁村では昭和初期まで用いられた。

『百鬼解読』（多田克己著）に、明治時代の妖怪研究家井上円了の一文が引用されている。「近江の琵琶湖には不思議な火があると古老は言う。旧暦五月頃の幾日も降り続く梅雨の、ま近な景色もよく見えないほどの天気の暗夜になると、湖水を往来する船夫の簑に、まるで蛍火のようなものが点々と光を放つ」。江戸時代後期の浮世絵師鳥山石燕も「蓑火」を描き、「蓑より火の出しは陰中の陽気か。又は耕作に苦しめる百姓の臑の火なるべし」（『鳥山石燕 画図百鬼夜行』国書刊行会）と一文を添えている。臑《すね》とは、身体のうち、足の膝《ひざ》から踵《かかと》までのことをいう。貧乏がはなはだしいことを「臑から火を取る」と表現する。いずれにせよ、蓑火は江戸、明治と全国的によく知られた妖怪であった。

『犬上郡誌』（明治14年〈1881〉）には「蓑火の古跡は大藪村にあり」とし、その火を払へば星のように散らばり、「星鬼」というと記している。

「簑火ノ古跡ハ大藪村ノ湖邉ニアリ雨夜此地ニ漁スルモノ間々陰火ノ簑ニ附着スルヲ見ル」「之ヲ拂ヘバ恰モ星ノ如シ故ニ傳エテ簑火又星鬼ト云フ是レ蓋燐火ノ遊離スルモノナリ」

簑火を払うと「星鬼」となるのである。

日本国語大辞典（第二版　小学館）には次のようにある。

ほしおに─の─ひ【星鬼火】琵琶湖畔で、鬼火の一種をいう。

＊俳諧・本朝文選（1706）二・賦類・湖水賦（李由）「龍灯松は、巳待《みまち》の夜毎に光をあげ、大藪の雨夜には、星鬼《ホシオニ》の火を簑にうつす」
＊俳諧・風俗文選大註解（1848）二・湖水賦「大藪（略）此所むかしより今にいたる迄、雨夜に人通ればいづこよりうつるともなく火の光り、蓑にうつる傘及び袖に迄うつる誠の火にあらず、これを星鬼の火といふなり」

『本朝文選』『風俗文選』は、芭蕉十哲のひとり彦根藩士森川許六《きょりく》が編んだ俳文集である。興味深いのは「龍灯松は、巳待の夜毎に光をあげ」というところだ。「巳待」は、己巳《つちのとみ》の夜に行う弁財天の祭りである。「龍灯」は水辺の怪火であるとも、龍神の灯す神火であるとも伝わる。彦根で弁財天といえば大洞弁財天だ。江戸時代、大洞弁財天の側まで内湖が迫っていた。湖面に映る龍灯は美しいものでなかったか……。

さて、星鬼と蓑火である。『本朝文選』『風俗文選』からは、雨の夜の大藪に、怪火が

現れ蓑にうつる。これを星鬼の火というとある。『犬上郡誌』は、蓑火を払うと星のように散らばり、これを星鬼というと記しており、現象の経緯が逆になっている。許六は「蓑火」の名前を記していない。武士階級の許六は蓑火を実体験することはなかったに違いない。囁かれる庶民の話を聞き、蓑や傘、袖にまでうつる星鬼を、案外きれいな風物詩くらいにしか感じていなかったのではないだろうか。

油赤子

「油赤子《あぶら》」は江戸時代中期の浮世絵師鳥山石燕の『今昔画図続百鬼』に描かれ、

「近江国大津の八町に、玉のごとくの火飛行《ひぎょう》する事あり。土人云、『むかし志賀の里に油をうるものあり。夜毎に大津辻の地蔵の油をぬすみけるが、その者死て魂魄炎《こんぱくほのお》となりて、今に迷ひの火となれる』とぞ。しからば油をなむる赤子は此もの、再生せしにや」

と文章が添えられている。

大津八町を縦横に飛行する魂魄炎が「油盗みの火」である。魂魄炎が赤子に生まれかわるのである。

大津は、東海道の宿場町であり、琵琶湖の物資が集散する港町の機能を併せ持つ。「大津百町」とは江戸時代の賑わいぶりを現した言葉である。大津から京へ向かう東海道は「札の辻」で直角に曲がり「八丁通り」と呼ばれた。石燕の記した「大津の八町」は、おそらく「八丁通り」であり、「大津辻」は「札《ふだ》の辻」だと思われる。

油赤子を筆頭に「油」を冠にする妖怪は多い。油坊主のところで記したが、「油坊」は、野洲郡欲賀村（現守山市欲賀町）の怪火。比叡山の西麓に飛ぶ怪火も「油坊」という。「油《あぶら》盗人《ぬすっと》」は油を盗んだわけではない。平安時代末期（比叡山の全盛期）、延暦寺根本中堂の油料として1万石ほどの知行地を領した東近江の住人がいた。その後、知行地を失い没落し、不本意に思いながら死んだ。以来毎夜、この男の家の辺りから根本中堂の灯火の方へ怒りの表情をした坊主の首が火炎を吹いて飛んでいく。知行地を失い「この盗人！」というわけだ。

仏教の中心である延暦寺がある大津は、文化・商業・交通の要の都市だった。灯明油は貴重で贅沢品だった時代、大津は濃い闇にあかりが灯る大交流都市だったのかもしれない。石燕も琵琶湖畔の夜のまちを思い浮かべたことだろう。

ヒクイドリ

淡海の梅雨の頃、余呉では「ヒクイドリ」という鳥が雨の中を飛ぶといわれている。雨でびっしょり濡れた山の木の枝から枝へ飛び移りながら「キョロロ　キョロロー」と鳴く。この鳥が雨の中で悲しそうに鳴くのは、どんなに喉が渇いても水が飲めないからだという。

この鳥の親が死ぬとき末期《まつご》の水を欲しがったのに、水をやらなかったことに怒った神様が罰を与えた。鳥が水を飲もうと川のそばに行くと、たちまち水が火になってしまう。それで雨の日になると、悲しそうに鳴きながら、水を飲むかわりに体を濡らしているのだ。

ヒクイドリが、水を飲もうとすると水が火になり、火を食べているように見える。おそらく「火喰い鳥」と書くのだろう。日々後悔しながら鳴く「日悔い鳥」の可能性もある。

アカショウビンという鳥は、平地から山地の林、渓谷などに暮らす小鳥で、「キョロロ」と高く鳴く。夏鳥で梅雨の頃に南から県内に渡ってくるカワセミの仲間だ。そして何よりも体が赤く火を連想させる。ヒクイドリのモデルはアカショウビンかもしれない。

幽霊

飴買いの幽霊

沖島の幽霊

かつて妖怪と幽霊は区別されてきたが、最近では「妖しいもの」は妖怪であるとして幽霊も妖怪に分類されている。

沖島で人が暮らすようになったのは保元・平治の乱（1156〜1159）以降、源氏の落武者7人が居住したことに始まるといわれている。西福寺（浄土真宗）の開基となる茶谷重右衛門はその末裔のひとりだ。

山を切り拓き、漁をしながら幸せな日々を送っていた重右衛門だったが、子を産んだ妻が亡くなってしまう。以来夜毎、残した子を思う妻の幽霊が赤子の枕元に現れるようになった。「大丈夫、この子はどんなことがあってもしっかり育てるから、迷わず成仏するように」と諭しても、幽霊はわが子の様子を見に来るのであった。

ある日、北陸への布教に赴いていた蓮如上人が、舟で堅田へ帰る途中、湖がいつになく荒れたため沖島に立ち寄られた。重右衛門は妻の霊を浄土へお導きいただこうと一部始終を話した。上人は経を唱え、南無阿弥陀仏の六字名号を筵《むしろ》の上にひろげた紙に書き、この六字名号を部屋に掛けて日々拝するようにと言われた。その夜限り幽霊は現れることはなかった。重右衛門は深く上人に帰依し、自宅を真宗の道場とした。

西福寺には「蓮如筆六字名号」が寺宝として伝わっている。筵の上で書いたことからその痕跡が残る「虎斑《とらふ》の名号」、あるいは「幽霊済度《さいど》の名号」とも呼ばれている。済度とは迷い苦しんでいる人々を救い導くことをいう。また、寺には幽霊済度の伝承を描いた掛け軸「絹本著色蓮如幽霊済度 名号染筆図」も遺されている。

絹本著色蓮如幽霊済度 名号染筆図（西福寺所蔵）
蓮如上人が幽霊を救う場面が描かれている

清水節堂「幽霊図」

徳源院は歴代34基の宝篋印塔が並ぶ京極家の菩提寺である。墓所は国の史跡に指定され、寺には京極氏に関わる貴重な資料が大切に保管されている。春は道誉桜、秋は池泉回遊式庭園の紅葉が美しい。そして夏、幽霊や妖怪の季節、必ずメディアが注目するのが清水節堂の描いた「絹本淡彩幽霊図」である。

清水節堂は明治9年（1876）2月浅井郡大路《おち》村（長浜市大路町）で生まれた。12歳で坂田郡山階村（長浜市山階町）の画家・中川耕斎に3年間師事した後、明治30年（1897）には東京美術学校絵画科に入学。実家からの仕送りがままならず退学せざるを得なかったが、同校の教官を務めていた橋本雅邦の門下で研鑽を積んだ。東京や関東周辺で活動を続け、昭和22年（1947）に帰郷。昭和26年（1951）2月、76歳で没した。

節堂の画風は、伝統的な日本画の手法に基づきながら、洋画の手法を取り入れたもので、大胆かつ精巧な画面構成が特徴といわれている。節堂の代表作である「絹本淡彩幽霊図」は、幽霊画の傑作と評価されている。

幽霊が掛軸から抜け出る状態を描き、上半身は完全に抜け出るが、下半身は抜け出る途中で、幽霊の背景に表具が透けて見え、風帯も風でなびいている。表具自体も絵として描かれているのだ。この手法を「描表装《かきびょうそう》」という。ちょうど映画「リング」のテレビから抜け出る貞子をスクリーンで観ているといった具合である。

絹本淡彩幽霊図（徳源院蔵）

お菊の皿

雨壺山《あまつぼやま》の麓にある長久寺は、高野山の善應僧都によって長久3年（1042）、平安時代に開創された寺である。延久年間（1069～1074）、後三条天皇の帰依あつく、皇后の祈願所となっていた。江州彦根観音とも呼ばれ、観音堂に本尊千手観世音菩薩（聖徳太子作伝）を祀る古刹である。創建当時は天台宗の大寺だったが、永正7年（1510）京極・六角氏の佐和山合戦の兵乱によって全てが焼失し往古の面影は残っていない。彦根藩は長久寺を彦根城堅固・福徳安全の祈願寺と定め、代々の藩主、家老の帰依が深く、荒廃していた寺は井伊家の家臣により再興がなされていった。

夏が近くなると、毎年どこかのメディアが取り上げるのが長久寺に遺された「お菊の皿」である。怪談「番町皿屋敷」は日本各地に同じような伝説が残されているが、長久寺には実話が伝わっている。寛文年間（1661～1673）、彦根藩井伊家4代直澄の代に実際にあった悲恋（純愛）物語だ。孕石《はらみいし》家の当主政之進と芹橋14丁目の足軽の娘お菊の話である。

菊は孕石家の侍女として働いていた。政之進には亡き親が取り決めた許嫁がいたが、二人は深い仲となっていた。後見人の叔母が許嫁との挙式をせきたてるため、菊の心中は穏やかではない。思案余って、孕石家代々に伝わる白磁の皿10枚のうち1枚を故意に割ることで、政之進の本心を確かめることにした。政之進は、自分の心を疑われたことが口惜しく、武士の誠を試そうとしたことに憤慨し、菊の面前で残りの皿9枚を柄頭《つかがしら》で打ち砕き、その場で菊を手討ちにする。その後、政之進は自ら仏門に入り、お菊の冥福を祈り続け、行脚の旅先で亡くなったという。

全国に残る数ある皿屋敷伝説のなかで「お菊の皿」、法名「江月妙心」と刻まれた「お菊墓」、彦根藩江戸屋敷の奥方女中292名の名を連ねた「供養寄進帳」が遺るのは長久寺だけである。

ちなみに孕石家に伝わった家宝の皿は、彦根藩井伊家初代直政が関ヶ原の合戦の功により、家康公から拝領したものである。孕石家は大坂冬の陣の功により皿10枚を井伊家より拝領した。皿は、中国古渡り白磁の洋皿である。

常元虫

「常元虫《つねもとむし》」の別名を「お菊虫」という。

週刊少年ジャンプに連載（1933〜1999年）していた『地獄先生ぬ〜べ〜』で、ぬ〜べ〜先生は常元虫について語っている。

「常元は1600年頃、滋賀県にいた大盗賊で、つかまって木に吊るされ首を切られて木の根元に埋められた。すると木の穴から常元の顔が浮き出た虫が何千何万と出てきて、そして村中に広がった虫は、雨にあたると、それを合図に怒り狂って村民を襲ったという」。滋賀県のどこかは言及されていない。

常元虫は『妖怪事典』（村上健司著）には「ジョウゲンムシ」という見出し語で「常元虫、浄元虫。『三養雑記』『煙霞綺談』にある怪異。近江国志賀郡別保村（現大津市）に、南蛇井源太左衛門という者がいた。もと蒲生家の浪人だが、性格極めて凶悪で、強盗をしながら諸州を横行した。後に剃髪して名を常元（浄元）と改めておとなしくしていたが、多年に及んだ悪行を問われて捕らえられ、自宅の柿の木で吊るし斬りにされた。死体はその柿の木の下に埋められたが、それ以来夏になるとその根元から人を縛ったような形の虫がおびただしく現れた。人々はこれを常元虫（浄元虫）とよんで、因果の恐ろしさを噂しあったという」と記されている。『図説 日本妖怪大全』（水木しげる著）には「常元虫」が見出し語で「（前略）源太左衛門は老年になって別保に帰り、いぜんとして悪行を行なっていたが、人のすすめによって髪を切り、名を常元と改めてやや真人間らしく暮らしていた。慶長の年（1596〜1615）、諸国に横行する姦賊をことごとく召し捕ったところ、常元も多年悪行を事した罪人ということで、ついに捕らえられ自宅の柿の木にしばりつけられた。諸人の見せしめにしたあと斬罪に処せられた（中略）処刑されたのち、その死骸は村の庄屋藤吉というものに下げ渡された。そこで庄屋は、常元の死骸を柿の木の下に埋葬したが、数日をへて塚の上に、怪しげな虫がおびただしく生じた。この虫の形は人をしばったような形で、のちにはことごとく蝶に化して飛び去った（後略）」と記している。

常元虫もお菊虫もジャコウアゲハの蛹《さなぎ》のこと。平成元年（1989）に姫路市は、市政100年を迎え、「市蝶」にジャコウアゲハを制定している。理由のひとつに、「播州皿屋敷」のお菊の化身といわれていることがある。

飴買いの幽霊（子育て幽霊）

赤ん坊のために飴を買う幽霊の伝承は全国各地に残っているが、幽霊が飴を買いにきた店が今も営業を続けているのは、淡海では長浜市余呉町坂口の「菊水飴本舗」だけだろう。かつて「坂口飴」の名で知られた江戸時代初期から続く老舗だ。

ある夏の夜、見知らぬ若い女が飴を買いにやってきた。幾晩も続くのであとをつけると、村はずれの墓地にその姿は消えてしまった。翌日墓地に行ってみると、隣村のみごもっていた若い母親の新しい墓があり、かすかに赤ん坊の泣き声が聞こえる。墓を掘り起こしてみると赤ん坊が生きていたという。

何らかの理由で身重のまま亡くなった女性や、難産でこの世を去った妊婦の幽霊を「産《う》女《め》」という。「産婦」あるいは「姑獲鳥」とも書く。各地に数多くの伝承が残り、中国伝来の物語と結びついて妖怪として語られることも多い。出産は命がけであり、今よりもずっと亡くなる女性が多かったのだろう、我が子を思う深い母親の愛情をうかがい知ることができる。

龍蛇に変身する女

虎姫さま

蛇（龍）と目玉

湖の北と南に、目玉をくり抜き人に渡す龍（大蛇）の話が伝わる。

余呉湖（長浜市）の畔に「蛇の目玉石」が祀られている。

桐畑太夫に菊石姫という娘がいた。7、8歳になると肌に蛇の鱗のような模様が現れ、人目をはばかり仮屋で乳母に育てられた。18になった頃「もうここにはいられない」と、育ててくれた礼に自分の目玉をくり抜いて乳母に渡し、龍に姿を変え湖に消えた。龍の目玉には、なめると病気が治るなど不思議な力があった。この噂を耳にしたお上は目玉を取り上げ、もうひとつの目玉も差し出せと迫った。困り果てた乳母は余呉湖畔に立ち菊石姫を呼ぶと、龍が姿を現した（龍を大蛇とする話も伝わる）。

もうひとつは「近江八景」で知られる「三井の晩鐘」（三井寺＝大津市）にまつわる話である。

若い漁師が浜で子どもたちにいじめられている蛇を助けた。その夜、一人の美しい娘が現れ、夫婦となり子どもを授かった。妻は「絶対にのぞかないで」と産小屋に籠もったが、夫は心配で小屋の中を見てしまう。妻は「私は浜で助けてもらった蛇です。正体を知られた以上、もうここにはいられません。乳のかわりにこれをなめさせてください」と、片目をくり抜き赤ん坊に持たせて去って行った。子どもは目玉をなめるとすぐに泣き止み、健やかに育っていった。この噂を聞いた領主が「その不思議な目玉を献上せよ」と言い出したが、その頃にはもう目玉はなめ尽くされてなくなっていた。困った夫は浜に行き、妻を呼ぶと大蛇が現れた。

二つの話の結末は、残ったもう片方の目玉もくり抜き差し出すと、何も見ることができなくなるので、鐘を撞いて欲しいと頼むのである。時刻を知るために、そして夫と子が無事でいることを知るために……。

龍（大蛇）の姿を借りて伝説となっているが、交わることを許されない二つのコミュニティー（あるいは一族）の悲劇であり、実際にあった話がモチーフではないだろうか。龍（大蛇）は湖の民だ。ちなみに、桐畑太夫は余呉の天女伝説にも登場する。

虎姫さま

旧東浅井郡に「虎姫町」があった。２０１０年に湖北町、高月町、木之本町、余呉町、西浅井町の5町とともに長浜市に編入され、町名は地図から消滅したが、虎姫駅、虎姫高校、虎御前山など虎姫の名は今も健在である。「虎姫」、ずいぶんと勇ましい名前のお姫様である。

「虎御前山　始は長尾山と號す、此山に桃須谷という處あり、其谷に井筒と號する泉あり。此地に一人の美女忽焉として顕れたり容色類なし。せゝらぎ長者娶りて妻とす、其名を虎御前といふ。懐胎して十五筋の小蛇を産す、甚之を耻ぢて山東の淵に身を投ず、今の女性淵是也。爾来此山を虎御前山と號すといふ」

と滋賀県の地誌『近江輿地志略』には記されている。

長者と結婚した美女が十五筋の子蛇を生んだという話だ。明治22年（1889）町村制が施行されたとき、この伝説により「虎姫村」が誕生した。この地域にとって重要な物語であることは想像がつく。

伝承として伝わる昔話からは、土地の水利に尽力した世々開《せせらぎ》長者と虎姫様の姿が浮かび上がる。

「桃須谷の井筒に〝お虎〟という美女が住んでいた。道に迷っていたところを土地の水利に尽力した世々開長者に助けられ、二人は夫婦になった。お虎はますます美しさを増し〝虎御前〟と呼ばれ、やがて15人の子供が生まれたが、いずれも〝顔以外すべてウロコにおおわれた子蛇〟だった。そのことを嘆いた虎御前は悲しさのあまり女性ケ淵《みせがふち》に身を投げてしまう。子どもたちは大人になると人間と同じ容姿となり、近隣の村々を治め、母親を忘れないように、長尾山を虎御前山と呼ぶようになった」。この話には、お虎は泉に映る自分の姿を見て身を投げたというバージョンもある。

世々開長者は旧虎姫町中野の豪族で、室町末期、領主（井口弾正）から灌漑のため高時川の水利権を得るために私財をなげうち、湖北用水「餅の井」を開削し、高時川からの取水に多大な功績を残した人物である。

〝十五筋の小蛇〟〝顔以外すべてウロコにおおわれた子蛇〟からは、宇賀神を連想する。弁才天と習合した人頭蛇身の神で、蜷局《とぐろ》を巻く姿をした水神・穀物神である。世々開長者が水利と豊作を約束された話ではないだろうか。虎姫様の役割は何だったのだろう……。世々開長者がこの地を治めるためには虎姫様の一族の力が必要だった。鱗が象徴するように水神の一族だったに違いない。世々開長者はその血筋と交わりたかっただけかもしれない。故、虎姫様は真実を知り入水することになる。あるいは、世々開長者が志しを成し遂げるのを見届け、自分の役割はここまでと去っていったのか……。どちらにせよ虎姫様の血は受け継がれ、世々開長者の一族がこの地を治めることになる。

多賀久徳のお虎

多賀町の「お虎」は龍女である。

霊仙山は、犬上郡多賀町と米原市にまたがる標高1094メートルの鈴鹿山脈最北の山である。登山道沿いに霊仙神社の鳥居があり、お虎ヶ池が水を湛えている。多賀町久徳に「おとら池の伝説」がある。

庄屋の妻のおとらは絶世の美人だった。身ごもったとき「お産するときは、絶対見ないでくださいい」と頼んだが、庄屋は襖の隙間から覗き、おとらが大蛇であることを知る。子を産んだおとらは「人間世界にいることができなくなりました。私に会いたいときは霊仙山にある七角の池にいますから、この子が七つになるまで育て、池まで連れてきてほしい」と言い残し、庄屋の家を立ち去った。途中、世話になった入谷、今畑、落合（霊仙三ヶ村）に挨拶に寄り、各々、櫛、簪《かんざし》、笄《こうがい》をお礼として与えた。子が七つになったとき、庄屋が池のほとりに連れて行ったところ、大蛇が姿を現わし、子どもと一緒に、池の中へ姿を消してしまったという。その後、この池をおとら池といって崇めた（『私家版滋賀県妖怪事典』峰守ひろかず著）。

『久徳史・久徳こぼればなし 復刻版』（近藤徳三・昭和57年）には、「久徳殿奥方（龍女）の伝説」として二つの話が載っている。

久徳家は惟高《これたか》親王の家臣、藤原清徳丸の子が田司となり、妻をめとった。この妻は善女龍王に祈り、玉のような良姫君を授かった。「善女龍王」は弘法大師が神泉苑に雨を祈ったとき愛宕山上に出現した龍王である。良姫君には、脇の下に大きな鱗が三つあったという。佐々木家より養子に迎えた秀政公の奥方となった良姫君は三人の娘を産んだ。一女は久徳家の御名跡、二女は本庄山城守義広の妻、三女は高宮三河守の妻になった。そして良姫君は四十一歳の時、これまでの縁なりと大龍と変じ、「我は本宮へ帰る、わが姿を見たくば川上に来るべし」と、霊仙の峰に飛行した。

もうひとつは、久徳殿が良き妻を得んと多賀の宮に祈願せし処、「帰途に逢う姫をめとれ」とお告げがあったと始まる。そして、庄屋の話と同じく「おのが正体を見られしからにはもはやお城には留まれじ、元の棲処へ立帰るべし」とて雷鳴とどろき、篠突く雨の中で蛇身をくねらせ山路を這い上り落合の集落で、櫛、笄をぬき取りて是を預け、其の身は霊仙嶽の頂上めがけて這い上り、江濃《ごうのう》の境なる紺碧の池に没し去った。「江濃の境」とは近江と美濃の境のことである。

この二つの話は、久徳城主の姫君は霊仙嶽の龍女の化身であること、また、多賀大社の御神徳を受けた久徳氏の歴史を語っている。

そして、龍、大蛇は、水や河川、雨乞いと深く関係する神獣である。久徳氏は、霊仙三ヶ村をバックに、この辺りの水利権を支配したことを物語っているのではないだろうか？　ところで、米原側の伝承では、お虎は伊吹山の伊吹弥三郎と夫婦だと伝えている。日本最強のヤマトタケルに唯一勝利した伊吹の神の末裔と霊仙お虎のカップルである。これはもう規格外の強さである。

二人のお虎は、水にまつわる何らかの権力（能力）を持つ者（一族）なのであろうことがわかる。世々開長者は水神の加護を得て大事業を成し遂げ、久徳氏は霊仙山の龍女をバックに土地を治め力を伸ばしていった。気になるのは「お虎」の名前である。何故「虎」なのか……だ。

虎は、青龍・白虎・朱雀・玄武など四神の聖獣として知られ、また「龍虎」という熟語があるように、力のシンボルだった。

また、もうひとつ考えられるのは「渡来」である。

東近江市の「石塔寺」に、白洲正子が日本一の石塔と書いた三重の塔がある。百済の渡来人かその子孫が建てたのではないかと推測されている。この塔のある山の名は「渡来山《わたらいやま》」だが「とらいやま」とも読むことができる。ひょっとしたら「お虎」は「おとらい」に「虎」の漢字をあてた「お渡来」ではなかったのか……。

妖怪の姿

安義橋の鬼

安義橋の鬼

平安時代末期の説話集『今昔物語集』巻第二十七「近江国安義橋鬼噉人語第十三《あふみのくにのあぎのはしのおにひとをくらふこと》」に記された鬼女の話だ。鬼の姿がリアルで凄まじい。

近江の安義橋《あぎのはし》には、鬼が現れ通りおおせた者はいないという噂があった。お調子者で腕に覚えのある男が話の弾みで橋を渡ることになり、日が山の端近くなるころ、橋のたもと近くに着いた。遠くからは見えなかったが、橋の上の女は(この女が鬼なのだが)、薄紫の衣に濃い紫の単衣を重ね、紅の袴を長やかにはいて、手で口を覆いなんとも悩ましげなまなざしをしている。誰かに置き去りにされたかのように橋の欄干に寄りかかっていた。馬から飛び降り、抱き乗せて連れ去りたいほどいとおしい気がしたが、あれが鬼に違いないと言い聞かせ、女の前を馬に鞭打ち駆け抜けた。女は「なんとまあ、つれない」と叫び後を追ってきた。男が振り向くと女の姿は、顔は朱色で大きく、目が一つ、丈は九尺ばかり、手指は三本、爪は五寸ほどで刀のよう。からだは緑青色をして目は琥珀のごとく、頭髪は蓬《よもぎ》のように乱れていた。男は無事に帰ったが、その後、鬼は弟に化けてやって来ると、男の首を食い切り、かき消すように見えなくなった。

随分端折ってはいるが、こんな話である。

「なんとまあ、つれない」と叫ぶ声は、大地をゆるがすように聞こえたというから、それだけでも恐怖である。面白いのは、女の姿や鬼の異形が詳しく書かれているところだ。

近江八幡と竜王町との境界を流れる日野川に「安吉橋《あぎばし》」という橋が架かっている。『今昔物語集』の「安義橋」と同じところに架かっているのかどうかは判らないが、地元ではこの橋を車で渡るとき、ルームミラーやバックミラーを見てはいけないと囁かれている。この世にあらざる者が映るのだという。

巻第二十七「従東国上人値鬼語《とうごくよりのぼるひとおににあふこと》第十四」は、東国から京に上ろうとして来た人が勢田（瀬田）の橋を渡ろうとしたところ、日が暮れ、たまたま無住の大きな家があったので宿ることにした。世が更けた頃、人もいないのに大きな鞍櫃《くらびつ》がごそごそと音をたてて蓋が持ち上がった。もしや、ここには鬼がいて誰も住まなくなったのか……と恐くなり、這うようにして馬に鞭を入れて逃げ出すと、恐ろしい声とともに、とてつもなく大きなものが追ってきた。勢田の橋にさしかかったところで馬を降り、橋の下の柱の陰に身を潜めていると、橋の上で「どこだ、どこにいる」と鬼が何度も叫んでいる。上手く隠れられたと思っていると、「下におります」と答え、出てきた者がいた。暗いので何者ともわからない。

『今昔物語集』巻第二十七「美濃国紀遠助値女霊遂死語《みののくにのきのとほすけをむなのりやうにあひてつひにしぬること》第二十二」は、藤原孝《ふじわらのたか》範《のり》の従者、紀遠助《きのとおすけ》が京での仕事を終えて、美濃へ帰る途中、勢田（瀬田）の橋の上に女に、絹に包んだ小さな箱を方県郡唐郷《かたがたのこおりもろこしのさと》の収《おさめ》の橋の西詰めにいる女房に渡しくれと頼まれる話だ。「決してこの箱を開けてご覧になってはなりません」といわれるが、遠助の妻が箱を開けてしまう。その中には、えぐり取った人の目玉がごっそり入れてあった。遠助にこれを見せると、「困ったことになった」と、蓋をしてもとのように結び、すぐさま件の橋のたもとに持って行った。その後、遠助は、「どうも気分が悪い」と言って床についたが、まもなく死んでしまった。（参考『今昔物語集』小学館）

目玉しゃぶり

「目玉しゃぶり」は１９７０年代中葉から知られるようになったといわれている瀬田の唐橋に出没する妖怪だが、今昔物語がもとになっている。唐橋に立っている美しい女に「橋のたもとにいる女に届けて欲しい」と絹に包んだ小さな箱を渡され、「絶対に中を見てはいけない」と念を押される。途中、箱を開けなければ何事もないが、開けた者は原因不明の病にかかり命を落とす。不思議なことにその死体は目玉がえぐり取られている。箱の中には大量の目玉が入っているらしい。

橋は不思議なことがおこる異界との境界（結節点）であるといわれる。それにしても安義橋の鬼は怖ろしい。薄紫の衣に濃い紫の単衣を重ね、紅の袴を長やかにはいて、顔は朱色で大きく、目が一つ、丈は9尺（2メートル73センチ）ばかり、手指は3本、爪は5寸（15センチ）ほどで刀のよう。からだは緑青色をして目は琥珀のごとく、頭髪は蓬のように乱れていた……。しかし、「従東国上人値鬼語」の「下におります」と答え出てきた者はもっと恐い。ぞ〜っとするのである。夜の闇に奥行きがあった頃、妖怪の気配は今よりも濃くすぐそこにあったのだ。

本書は、「淡海の妖怪」滋賀民報２０１９年1月27日〜２０２1年3月28日、其の一〜其の五十五、同タイトル「淡海の妖怪」※ ＤＡＤＡジャーナル２６６号連載中（不定期）のものに加筆、再構成・編集したものです。
※同タイトル以前にも妖怪に関する記事多数あり

あとがき

本書を読んでいただいてありがとうございます。

妖怪拾遺をしていると正史にはない淡海《おうみ》（近江＝滋賀県）の歴史があるのではないかと思えてくる。大和政権に抗した荒ぶる神々ばかりではない。それ以前の地域間抗争もあった……。『近江国風土記』の夷服（伊吹）の山と浅井岳が背比べをして負けた夷服山の神が浅井岳の首を切り落とし、それが竹生島になった話はよく知られている。同じように、勢多の唐橋で琵琶湖の龍神に武勇を見込まれ、三上山に巣くう大百足を退治してほしいと頼まれた藤原秀郷の話は龍神と大百足の抗争で、龍神が秀郷に助力を頼んだことになる。更に、思子淵神と河童の話は、思子淵さんと対立した勢力（権力）を駆逐した話だが、思子淵さんは延暦寺にこの地の支配権を譲っている。淡海の妖怪拾遺を続けることで歴史の重なりを理解できるのではないかと考えている。

白洲正子さんの『近江山河抄』に「私はえたいの知れぬ魅力にとりつかれてしまった。それが何であるか、はっきりとはいえない」と記されている。僕は『近江山河抄』は淡海のバイブルだと思っている。妖怪は妖しく怪しい。僕にとってそれこそえたいの知れぬ魅力なのである。

『淡海妖怪拾遺』には、書き始めたときに思っていたほど多くの妖怪を収録できなかった。僕の暮らす彦根市周辺の妖怪ばかりになった。淡海には、カマイタチ、雪女、雪男、ツチノコ、ミズチ、人魚、グヒンさん、頭が馬の大蛇、猫顔の大蛇、片輪車、雷獣、田上ジジイ、砂かけ婆、菌神、伏魔祓せなど興味深い妖怪がまだまだ、それこそ星の数ほどいる。

本書は専門家からみると至らぬところも多く、誤りもあると思う。「想像は知識をこえることはない」というがそれは本当で、妖怪に挑むと知識のなさが悔しくて、悲しくて仕方がない。しかし妖怪拾遺を諦めることをしなければ、淡海の妖怪たちは新しい姿を現してくれるだろう。そういう意味で本書は『淡海妖怪拾遺　其の一』である。妖怪拾遺は始まったばかりだとも思っている。いつかどこかで機会があればこの続きを。

最後になりましたが、素敵なイラストを描いてくださった連藤久見子さん、淡海の妖怪にはじめて注目してくださった滋賀民報社の竹浪圭さんに感謝申し上げます。そして今回、妖怪のことについて書く機会を与えてくださったサンライズ出版の岩根順子社長に言い尽くせぬいっぱいの感謝を、編集者の竹内信博さんにはたくさんのわがままに根気よくつきあっていただき心よりのお礼を申し上げます。ありがとうございました。

二〇二三年十一月

杉原正樹

主な参考文献

藤野滋編『彦根藩士族の歳時記』サンライズ出版　2007
近江郷土玩具研究会編『近江の玩具』（別冊淡海文庫）サンライズ出版　2004
岡村完道『近江の松』（別冊淡海文庫）サンライズ出版　2005
彦根市史編集委員会編『新修彦根市史第二巻』彦根市　2008
高宮町史編纂委員会『犬上郡誌 高宮町史』1986
伊吹町史編纂委員会『伊吹町史 文化・民族編』伊吹町　1994
彦根商工会議所編『井伊家十四代と直虎』サンライズ出版　2017
村上健司編『日本妖怪大事典』角川書店　2005
村上健司編『妖怪事典』毎日新聞社　2000
多田克己『百鬼解読』講談社　1999
小松和彦『日本妖怪異聞録』講談社　2007
湯本豪一『明治妖怪新聞』柏書房　1999
湯本豪一『妖怪百物語絵巻』国書刊行会　2003
菊池章太『妖怪学の祖 井上圓了』KADOKAWA　2013
水木しげる『図説 日本妖怪大全』講談社　1994
稲田篤信・田中直日編『鳥山石燕 画図百鬼夜行』国書刊行会　1993
和田寛『河童伝承辞典』岩田書院　2005
柳田國男『柳田國男全集』筑摩書房　1968

南方熊楠『南方熊楠全集』平凡社　1971
『オコナイ湖国・祭りのかたち』（LIXIL BOOKLET）LIXIL出版　2008
森川許六『風俗文選』岩波書店　1987
オンライン三成会編『三成伝説 現代に残る石田三成の足跡』サンライズ出版　2009
滋賀総合研究所編『湖国百選 人』滋賀県　1990
原田実『もう一つの高天原 古代近江文化圏試論』批評社　1991
高橋昌明『湖の国の中世史』中央公論新社　2008
沢和哉『日本の鉄道ことはじめ』築地書館　1996
加来耕三『神話から読み、知る日本の神様』アスペクト　2001
駒敏郎『日本の伝説19 近江の伝説』角川書店　1997
滋賀県商工労働観光物産課編『むかしむかし近江の国に』京都新聞社　1985
福井龍幸『近江の平成雲根志』（琵琶湖博物館ブックレット）サンライズ出版　2018
彦根城博物館図録『コレクター大名井伊直亮 知られざる大コレクションの全貌』彦根城博物館　2016
田宮思洋『彦根史話上・下』彦根史話刊行会　1964
『近江むかし話』滋賀県老人クラブ連合会・滋賀県社会福祉協議会　1977
『続 近江むかし話』滋賀県老人クラブ連合会　1977
『多賀大社由緒略記』多賀大社社務所　2006
『多賀信仰』多賀大社社務所　1986
『古事記』小学館　2009
『今昔物語集 二、三』小学館　1976
大江山鬼伝説一千年祭実行委員会／鬼文化部会編『大江山の酒呑童子』1990
『足柄山の金太郎 坂田金時伝承地を巡って』日本の鬼の交流博物館　2016

『鬼に横路なきものを 酒呑童子の正体は』日本の鬼の交流博物館　１９９７
『江國寺創建由緒』
『江國寺由来略歴』
『淡海國木間攪』
『淡海落穂艸』
Ｊ・Ｋ・ローリング『ハリー・ポッターと秘密の部屋』（松岡佑子翻訳、静山社２０００）
Ｊ・Ｋ・ローリング『クィディッチ今昔』（松岡佑子翻訳、静山社２０１４）
「ふるさと近江伝承文化叢書」（滋賀県内各市町村）
滋賀県民族学会『民族文化』（第２１０号１９８１、第３３３号１９９１、第３６３号１９９３、第４１３号１９９８、
第５０９号２００６、第５１１号２００６）
浅井歴史の会『旧浅井郡湯田村大路出身 郷土の画人 清水節堂画伯の生涯』（清水利展）２０１７

■著者略歴

杉原 正樹（すぎはら・まさき）

彦根市生まれ。法政大学法学部卒。有限会社北風寫眞舘代表。情報紙DADAジャーナル編集人。

地域の未評価の文化資源や儚いもの、気づかなければ失われてしまうもの、道草が好き。妖怪歴30年。

『オコナイ 湖国・祭りのかたち』（LIXIL BOOKLET 2008年）『考えるキノコ 摩訶不思議ワールド』（LIXIL BOOKLET 2012年）、『カロムロード』（サンライズ出版 1997年）などに編集・執筆・写真撮影で参加。「淡海の妖怪」（滋賀民報）2019年1月〜2021年3月連載。同タイトル「淡海の妖怪」DADAジャーナル連載中。

■イラスト

連藤 久見子（れんどう・くみこ）

滋賀県生まれ、専門学校在学中から気がつけば約40年間、京阪神や関東のデザイン会社・海外から依頼を請けて、さまざまにイラストを描く。

謙虚で主張し過ぎないが、生命力のある古い物の美しさに惹かれる。文庫本との電車旅、小泉八雲や内田百閒の世界観が大好き。

淡海妖怪拾遺《おうみようかいしゅうい》　淡海《おうみ》文庫71

2023年12月13日　第1刷発行　N.D.C.210

著　者　杉 原 正 樹

発行者　岩 根 順 子

発行所　サンライズ出版株式会社

〒522-0004 滋賀県彦根市鳥居本町655-1

電話 0749-22-0627　FAX 0749-23-7720

印刷・製本　サンライズ出版株式会社

ISBN978-4-88325-801-7 C0339　Printed in Japan

淡海文庫について

「近江」とは大和の都に近い大きな淡水の海という意味の「近(ちかつ)淡海」から転化したもので、その名称は「古事記」にみられます。今、私たちの住むこの土地の文化を語るとき、京都を意識した「近江」でなく、独自な「淡海」の文化を考えようとする機運があります。

これは、まさに滋賀の熱きメッセージを、自分の言葉で内外へ伝えようとするものであると思います。

豊かな自然の中での生活、先人たちが築いてきた質の高い伝統や文化を、今の時代に生きるわたしたちの言葉で語り、新しい価値を生み出し、次の世代へ引き継いでいくことを目指し、感動を形に、そして、さらに新たな感動を創りだしていくことを目的として「淡海文庫」の刊行を企画しました。

自然の恵みに感謝し、築き上げられてきた歴史や伝統文化をみつめつつ、今日の湖国を考え、新しい明日の文化を創るための展開が生まれることを願って一冊一冊を丹念に編んでいきたいと思います。

一九九四年四月一日